BRUNA FERRARESE

PROJECT MANAGEMENT

Impara a Gestire Efficacemente Tutte le Fasi di un Progetto, dalla Pianificazione al Controllo

Titolo

PROJECT MANAGEMENT

Autore

Bruna Ferrarese

Editore

Bruno Editore

Sito internet

www.brunoeditore.it

Sommario

Introduzione

Che cos'è un progetto? È diverso dalla normale attività aziendale? Quali attenzioni richiede per il suo successo? E il Project Manager deve possedere competenze diverse o aggiuntive rispetto ad un "capo" tradizionale?

La gestione di un progetto costituisce un forte elemento di discontinuità organizzativa, rompe gli schemi consolidati di relazione, esalta il lavoro di squadra anziché quello individuale, impone accelerazioni e revisioni di processi e procedure, genera cambiamenti a tutti i livelli.

Questo ebook riassume le indicazioni pratiche per la corretta gestione di un progetto e indica gli strumenti indispensabili per curare le fasi di pianificazione, gestione e controllo. Particolare attenzione è riservata ai temi inerenti la gestione dei collaboratori che, attraverso un ben coordinato lavoro di squadra, rappresenta uno dei principali fattori critici di successo.

CAPITOLO 1:
Come funziona il project management

Si definisce progetto “un insieme di attività, complesse e interrelate, aventi come fine un obiettivo ben definito, raggiungibile attraverso sforzi sinergici e coordinati, entro un tempo predeterminato e con un preciso ammontare di risorse umane e finanziarie a disposizione”.

Queste caratteristiche, in misura più o meno complessa, sono adatte a descrivere qualunque tipo di progetto: dall’organizzazione delle vacanze estive a un trasloco, dalla costruzione di una grande opera di ingegneria all’avvio di un’attività di innovazione di prodotto o alla progettazione e allo sviluppo di nuovi prodotti e/o servizi aziendali.

Esaminiamo nel dettaglio la definizione, a partire da un **insieme di attività** complesse e interrelate. Con questa prima indicazione viene tracciata una sorta di *perimetro organizzativo* che permette di racchiudere attività specialistiche, amministrative e operative creando una struttura di lavoro *ex novo*, che si scioglierà alla conclusione del progetto.

Lo scopo è il raggiungimento di un **obiettivo** ben definito. Tale obiettivo viene esplicitato e ufficialmente comunicato all'interno e all'esterno della struttura aziendale, identificando così un traguardo specifico, che esisterà in aggiunta a quanto l'organizzazione persegue abitualmente.

L'obiettivo deve essere *raggiungibile attraverso sforzi sinergici e coordinati*, descrivendo, in questo modo, l'impegno a collaborare in maniera efficace e strutturata verso il raggiungimento di una meta comune *entro un tempo predeterminato*. L'elemento **tempo** è determinante in un progetto, in quanto consente di condividere, in modo unanime, uno dei parametri che permettono di armonizzare gli sforzi e di misurare il successo o meno dello sforzo.

Infine, un progetto deve essere caratterizzato da un preciso ammontare di **risorse umane** – sottratte temporaneamente alle diverse funzioni aziendali di cui sono normalmente responsabili – e **finanziarie** a disposizione: altri due vincoli che, insieme a quello temporale, rappresentano l'elemento concreto di verifica del raggiungimento positivo del risultato.

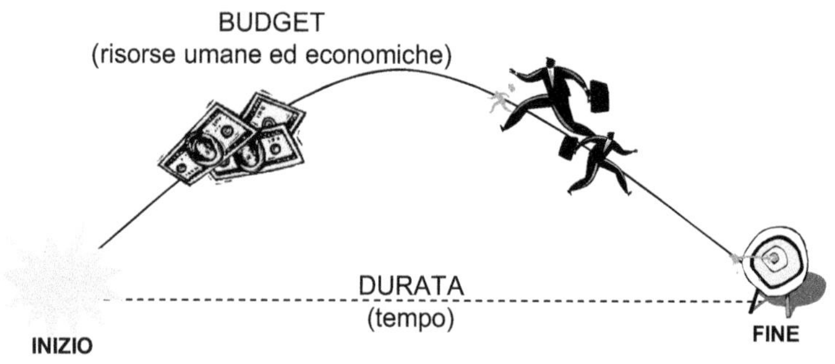

Come armonizzare due diversi processi di management

Quanto detto finora rende evidente la natura speciale delle attività di progetto rispetto alla normale organizzazione dell'azienda. Ciò è talmente vero che la *gestione per progetti* ha dato vita a un insieme di metodologie, detto "project management", che costituiscono una vera e propria specializzazione del management. Sul tema, oltre a una ricca letteratura, esiste un manuale di riferimento internazionale, il *Project Management*

Book of Knowledge, pubblicato dal Project Management Institute, al quale consiglio di fare riferimento per ulteriori approfondimenti.

Come si è detto, il project management si differenzia dal management "tradizionale"; ma in che modo? La disciplina del management si può dividere in due grandi categorie:

- *Management dello* status quo *(Line Manager o Funzionali)* prevalentemente orientato alla gestione delle normali attività (routine);
- *Change Management (Project Manager)* concentrato sulla realizzazione di qualcosa di nuovo, gestore di un cambiamento di prodotto o di processo.

La prima tipologia di management è tipica delle organizzazioni classiche, quelle di tipo *gerarchico-funzionale*, dove il processo di management si caratterizza come **by activities** (focus su attività). Invece, nelle organizzazioni che lavorano essenzialmente *per progetti*, il processo peculiare di management è **by objectives** (focus su obiettivi e scopi).

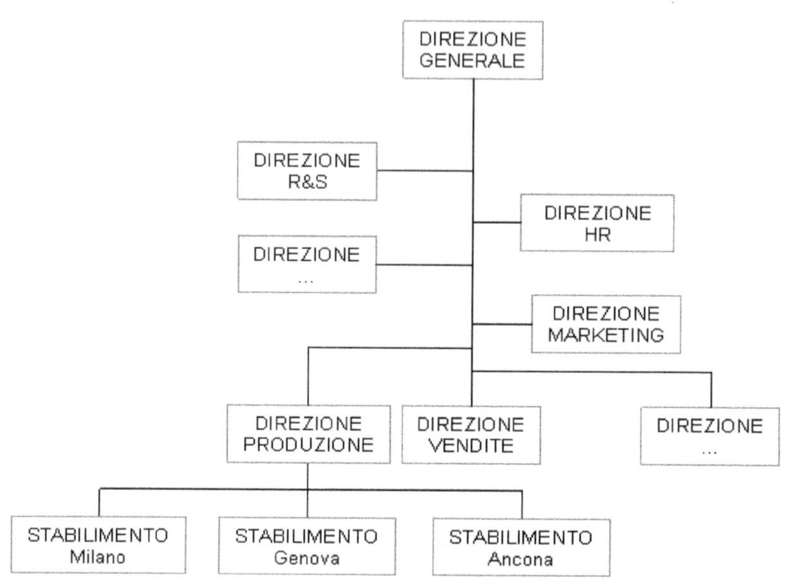

Figura 1 – Esempio di struttura organizzativa gerarchico-funzionale.

Quando in un'azienda "classica" si riscontra l'esigenza di dare il via a un progetto specifico, si crea la **compresenza** di due dimensioni organizzative, spesso in antitesi fra loro. Ovvero, si verifica che l'attività di progetto, gestita da Project Manager che hanno il compito di sfruttare al meglio le risorse a disposizione, va a impattare con le regole e le logiche "di linea", affidate invece ai Manager di Funzione, che hanno il compito di *mantenere gli standard di efficienza/efficacia* tipici della funzione.

Queste due dimensioni – poiché sono in contraddizione con il principio dell'«unicità di comando» basato sull'«organizzazione scientifica del lavoro» (Frederick Taylor, primi '900) – creano dubbi sulle priorità decisionali e generano inevitabili richieste contrapposte che necessitano di un abile lavoro di negoziazione.

Se l'azienda sviluppa progetti in modo occasionale, generalmente adotta uno schema organizzativo che si definisce *a matrice debole*, come esemplificato nello schema che segue, nel quale si possono osservare le radicali differenze rispetto a quello *gerarchico-funzionale* (figura 1).

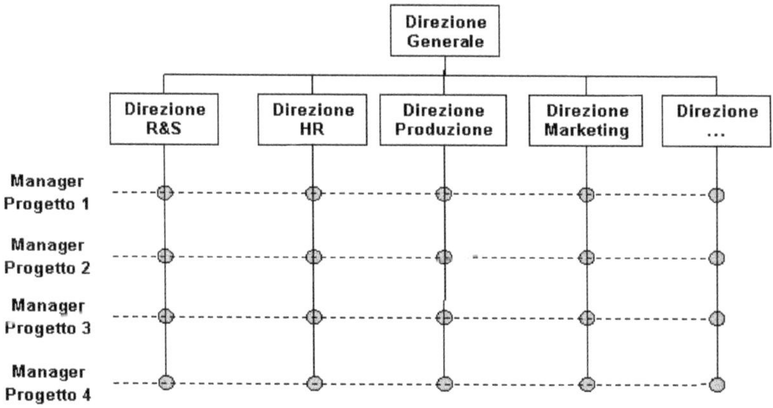

Figura 2 – Esempio di struttura organizzativa a matrice debole.

Nel primo schema, le linee di riporto responsabile-collaboratore sono ben definite e gli ambiti di responsabilità ben delimitati.

Nel secondo schema invece – dove *la linea continua* indica *l'autorità gerarchica* e la linea tratteggiata *la responsabilità di gestione* – si nota che l'autorità resta assegnata al Manager Funzionale, mentre al Project Manager spetta un ruolo di coordinamento, indirizzo e semplice gestione/impiego delle risorse, quasi di tipo "laterale". Ciò rende necessario cercare una condizione di equilibrio fra i due responsabili dei collaboratori impegnati.

In questi casi è necessario un delicato lavoro di negoziazione con i Manager Funzionali, ma anche una forte **sponsorizzazione del progetto** da parte della Direzione Generale, da considerarsi come condizione essenziale per il successo dell'attività.

Come già detto, un responsabile di unità organizzativa (o funzione-reparto-ente-ufficio) deve impegnarsi nel *massimizzare i risultati in relazione a parametri-obiettivo.* Ne consegue che il presidio della qualità tecnica, il rispetto del budget e la gestione efficiente delle risorse rappresentano gli obiettivi fondamentali dell'attività.

Al Project Manager viene invece richiesta la *capacità di saper gestire il cambiamento e le relazioni interne ed esterne al progetto* e i suoi scopi riguardano il raggiungimento degli obiettivi, il rispetto del budget e dei tempi del progetto, attraverso una gestione efficace delle risorse umane.

In sintesi, se il progetto ha carattere occasionale e si sviluppa all'interno di organizzazioni che abitualmente operano in base a un modello organizzativo *gerarchico-funzionale*, le risorse umane vengono in parte distolte dal loro lavoro di routine per entrare a far parte – totalmente o parzialmente – di un'attività estemporanea e di durata predefinita. In un certo senso, devono rispondere alle aspettative di due "capi" contemporaneamente. Occorre dunque fare in modo che ciò non diventi un elemento conflittuale a tutto svantaggio sia del progetto sia delle risorse umane impegnate.

Le condizioni conflittuali sopra descritte non si verificano nelle aziende che lavorano solo "su commessa" e quindi impostano la loro organizzazione in modo che la priorità gestionale e gerarchica venga attribuita ai Project Manager (organizzazioni *a matrice forte*).

SEGRETO n. 1: se il progetto ha carattere di eccezionalità occorre un forte appoggio della Direzione per favorire armonia fra le attività di routine e quelle di progetto.

I conflitti: un elemento necessario

I problemi più frequenti nella vita di un progetto non sono, in genere, di tipo tecnico, ma sono bensì legati a difficoltà di natura gestionale, relazionale e organizzativa in genere. Ad esempio, il **tempo** è una variabile critica e fonte di numerose problematiche. Così come la cronica scarsità di collaboratori e di budget disponibili per un singolo progetto, che possono determinare discussioni legate alle **priorità** fra progetti diversi, alle **risorse economiche** a disposizione e al **sovraccarico di lavoro** dei collaboratori.

Tutto ciò può essere limitato attraverso l'adozione di *strumenti organizzativi preventivi* che permettono – in fase di programmazione – di anticipare le condizioni negative che potrebbero insorgere e individuare valide soluzioni alternative (vedi **Error! Reference source not found.**). Sul piano del conflitto "psico-sociale" possono nascere problemi legati alla personalità, alla capacità e alle aspettative delle persone coinvolte nel team di progetto. In questo caso il Project Manager deve cercare di prevenire l'insorgere di tensioni, preoccupandosi di focalizzare l'attenzione su quattro aspetti in particolare:

- **definire le aspettative** di ogni ruolo coinvolto organizzando incontri periodici – con i superiori, con i colleghi, con i collaboratori – per definire insieme le priorità e chiarire progressivamente le potenziali fonti di conflittualità;
- **alimentare uno scambio continuo di feed-back**, mostrandosi realmente interessati a conoscere le opinioni dei collaboratori e fornendo informazioni accurate, puntuali e in numero adeguato;
- **valutare con attenzione tutte le azioni** per comprendere se possono essere potenziali fonti di conflitto: chiedersi *chi, cosa, quando, dove, come e perché*;

- **creare un clima di comunicazione aperta** che faciliti l'esatta identificazione dei processi di lavoro, il relativo controllo e lo scambio di critiche costruttive che permettano un costante miglioramento della performance.

SEGRETO n. 2: occorre prevenire tutte le situazioni di possibile conflitto generate dal progetto sia sul piano organizzativo e tecnico, sia sul piano psico-sociale.

Va peraltro considerato che il conflitto costituisce una **dimensione fisiologica** ed essenziale alla vita del progetto, legata alle sue stesse caratteristiche di innovazione dalla limitata presenza di parametri di riferimento riferibili a esperienze precedenti, dall'elevata incertezza e rischio decisionali e dal coinvolgimento di risorse disomogenee.

Un sano conflitto evidenzia, inoltre, il grado di coinvolgimento del team di collaboratori e assicura, all'interno del progetto, momenti di confronto costruttivo e stimolante per una migliore risoluzione dei problemi.

Da valutare con attenzione sono, invece, le *modalità di gestione* della situazione conflittuale. Andrà evitato il più possibile, anche a costo di "perdere" ("io vinco-tu perdi"), un comportamento che tenda a imporre e far prevalere il proprio punto di vista, che lascia sempre scontenta una delle due parti in gioco. Ma non bisogna per questo privilegiare le soluzioni di **compromesso**, perché anche cedere su alcuni aspetti per ottenere qualcosa in cambio dalla controparte rischia di lasciare scontente entrambe le parti.

La modalità negoziale che andrà privilegiata è quella definita del **confronto** che permette di portare alla luce in modo completo le cause di conflitto e di costruire soluzioni più creative e condivise. Per poterla praticare è però necessario condividere anche uno stile di comunicazione assertivo che privilegia l'**ascolto attivo**, ovvero l'intenzione di comprendere a fondo l'altra persona e l'opinione che essa ha di sé o della situazione, facendo venire alla luce necessità nascoste che possono evidenziare il possibile terreno di accordo.

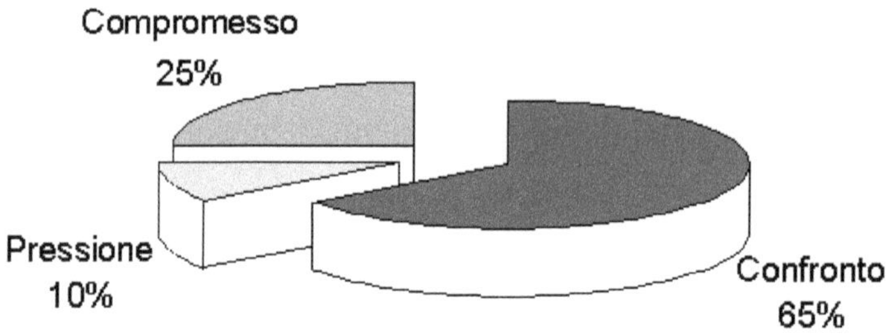

Figura 3 – Efficacia delle soluzioni di gestione del conflitto.

SEGRETO n. 3: occorre gestire i conflitti attraverso il "confronto" che permette di esaminare in modo oggettivo le posizioni divergenti e di arrivare a soluzioni creative.

Ruolo del Project Manager

Il Project Manager è il *gestore del progetto*: il suo ruolo è quello di individuare e coordinare le risorse più idonee a garantire il raggiungimento degli obiettivi espressi in termini di qualità, costi e tempi.

Come accennato nelle pagine precedenti, spesso non si avvale di un'autorità gerarchica sulle risorse umane coinvolte dal progetto. Perciò deve saper esercitare una leadership efficace per creare un clima costruttivo di collaborazione che riguarda persone che non solo non hanno legami gerarchici con il leader, ma sono anche molto disomogenee dal punto di vista delle competenze, dei linguaggi tecnici utilizzati e, più in generale, della cultura e dello stile di lavoro.

Le competenze richieste al Project Manager non riguardano tanto le conoscenze tecniche specifiche del progetto – che possono essere possedute anche solo a un livello sufficiente a comprendere e a coordinare le attività – quanto le *capacità gestionali, di relazione e organizzative* che sono invece richieste a un livello molto elevato.

Deve avere *sensibilità* e *intuito* per cogliere o addirittura anticipare le esigenze espresse dal mercato e dai clienti, una *visione globale* del progetto per stabilirne un'accurata *pianificazione*, nonché la capacità di *valutare tutte le variabili* che possono verificarsi nello sviluppo del progetto per prevedere le adeguate contromisure.

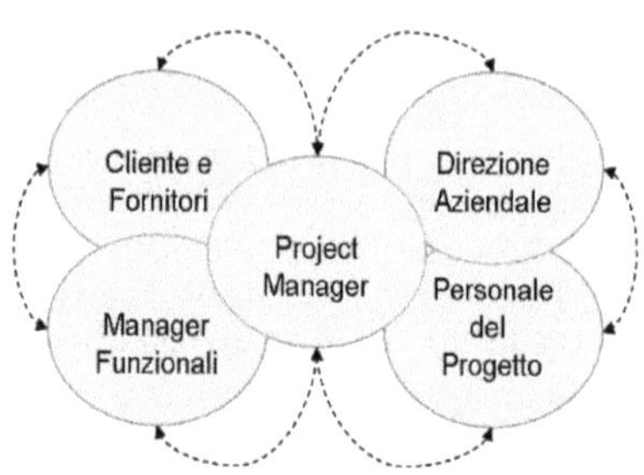

Un buon leader di progetto, inoltre, è fortemente *automotivato* e particolarmente abile nel *tenere sotto controllo l'avanzamento del progetto* fino al raggiungimento dell'obiettivo. Ha propensione al *coordinamento delle risorse umane* ed esercita una leadership capace di motivare, coinvolgere e attuare i processi di delega evitando un controllo autoritario. Infine, come già evidenziato, ha attitudine ed esperienza sicura nel gestire processi negoziali, risolvere conflitti e assumere decisioni.

SEGRETO n. 4: il candidato più adatto al ruolo di Project Manager deve essere fortemente concentrato sugli obiettivi temporali, economici e di qualità della sua attività.

Una componente fondamentale delle competenze che deve possedere un Project Manager è l'abilità nel gestire i processi di **comunicazione interpersonale**, in quanto si trova al centro di una complessa rete di flussi informativi ed è suo compito coordinarli e favorirli al meglio.

Il project management necessita di molto **metodo** e di valide **procedure** per la pianificazione e la schedulazione delle attività, per la preventiva valutazione e la successiva gestione dei costi, per il monitoraggio generale, la rendicontazione e la valutazione complessiva del progetto.

Come prevenire lo stress

Quello del Project Manager è un ruolo di coordinamento molto complesso e con un alto rischio di stress che è importante imparare a mantenere nella cosiddetta area dell'*eustress*, o tensione positiva. Entro un certo livello, infatti, lo stress non è nocivo ma, anzi, rende vigili e permette di mantenere alte la soglia dell'attenzione e la capacità di concentrazione.

L'area nociva dello stress è quella definita *distress*, nella quale il livello raggiunto è potenzialmente causa di stati di ansia che, inevitabilmente, diventano contagiosi per tutte le persone coinvolte nell'attività.

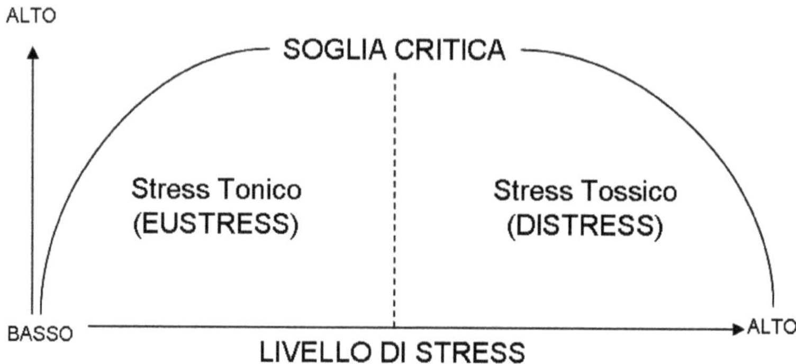

Gestire lo stress significa, prima di tutto, basarsi su una corretta pianificazione di obiettivi e priorità, armonizzandola con la propria scala di valori personali

Spesso, inoltre, la causa del *distress* è una situazione attesa, della quale si visualizzano soprattutto gli aspetti negativi che potrebbero insorgere, con il risultato di sperimentare uno stato d'ansia generalizzato e, soprattutto, ingiustificato. Al contrario, occorre imparare a visualizzare il futuro in modo positivo, immaginando tutti i possibili (se non addirittura probabili) risvolti positivi e valutando concretamente le alternative che si possono adottare se qualcosa non dovesse funzionare.

In questo modo, il livello di stress derivato dalle visualizzazioni rimane nell'area dell'*eustress*, cioè in un ambito salutare e benefico, permettendoci così l'accesso a tutte le possibili risorse mentali necessarie affinché ciò che dobbiamo fare e/o le prove che dobbiamo affrontare abbiano tutte le caratteristiche della "superabilità" e non siano, quindi, fonte di stress nocivo.

SEGRETO n. 5: per evitare dannosi stati di stress porre particolare attenzione a una buona pianificazione e tendere a risultati adeguati alle risorse disponibili.

RIEPILOGO DEL CAPITOLO 1

- SEGRETO n. 1: se il progetto ha carattere di eccezionalità occorre un forte appoggio della Direzione per favorire armonia fra le attività di routine e quelle di progetto.
- SEGRETO n. 2: occorre prevenire tutte le situazioni di possibile conflitto generate dal progetto sia sul piano organizzativo e tecnico, sia sul piano psico-sociale.
- SEGRETO n. 3: occorre gestire i conflitti attraverso il "confronto" che permette di esaminare in modo oggettivo le posizioni divergenti e di arrivare a soluzioni creative.
- SEGRETO n. 4: Il candidato più adatto al ruolo di Project Manager deve essere fortemente concentrato sugli obiettivi temporali, economici e di qualità della sua attività.
- SEGRETO n. 5: per evitare dannosi stati di stress porre particolare attenzione a una buona pianificazione e tendere a risultati adeguati alle risorse disponibili.

CAPITOLO 2:
Come costituire e gestire il team

Il team di progetto prevede una prima fase di selezione di tutte le risorse umane necessarie al conseguimento dell'obiettivo e si costituisce, ufficialmente, alla prima riunione del team, che ha lo scopo di *chiarire i punti qualificanti del progetto* per arrivare a un accordo fra i membri in merito alla strategia per attuarlo.

Il lavoro di gruppo va attentamente impostato e gestito a partire dall'*istituzione formale del team da parte della Direzione* che è preferibile avvenga in forma scritta con l'indicazione di:

- finalità del progetto;
- chi è il Project Manager;
- quali sono gli obiettivi globali e parziali del progetto;
- quanto tempo è previsto per la conclusione del progetto;
- ammontare di risorse umane, mezzi e budget a disposizione;
- insieme dei componenti del gruppo e loro ruoli;
- a chi riferisce il Project Manager e con quale periodicità.

A questo punto il primo compito assegnato al Project Manager è quello di creare le condizioni perché l'insieme di persone designate diventi un **gruppo di lavoro** ben funzionante.

La comune definizione di gruppo di lavoro recita: «insieme di persone interdipendenti, interagenti in un certo periodo e in un dato spazio; legate da un senso di appartenenza, con valori, norme, ruoli dichiarati, negoziati e condivisi; impegnate a raggiungere obiettivi scelti e assegnati e motivate da interessi professionali e aziendali».

Come favorire la costituzione del gruppo

Nelle *prime riunioni*, gli obiettivi del Project Manager riguardano soprattutto gli aspetti della nascita della dimensione "gruppo". Infatti, persone che abitualmente non lavorano insieme dovranno farlo, dando il meglio delle loro capacità, anche se a tempo determinato.

Prima di tutto sarà necessario uniformare il linguaggio tecnico di ciascuno rendendolo comprensibile a tutti i membri, chiarire ruoli e responsabilità individuali e assimilare correttamente gli obiettivi da conseguire in modo che esistano *uno scopo chiaro* e *valori e obiettivi condivisi.*

Occorre creare una **sfida** che impegni e motivi le persone a lavorare insieme, elaborando un “patto” del team che formalizzi gli impegni reciproci: *cosa* realizzare, *perché* è importante e *come* operare insieme.

L’attenzione del Project Manager si incentrerà quindi sullo **sviluppo delle abilità**, attraverso un feed-back orientato a sviluppare le capacità, la fiducia in se stessi e la responsabilizzazione di tutti i componenti del team.

Occorrerà anche riconoscere e premiare lo **spirito di squadra** con iniziative che sottolineino i successi conseguiti e, quando possibile, applicare una rotazione dei ruoli per creare flessibilità, introdurre cambiamenti e costruire nuove competenze (*empowerment*).

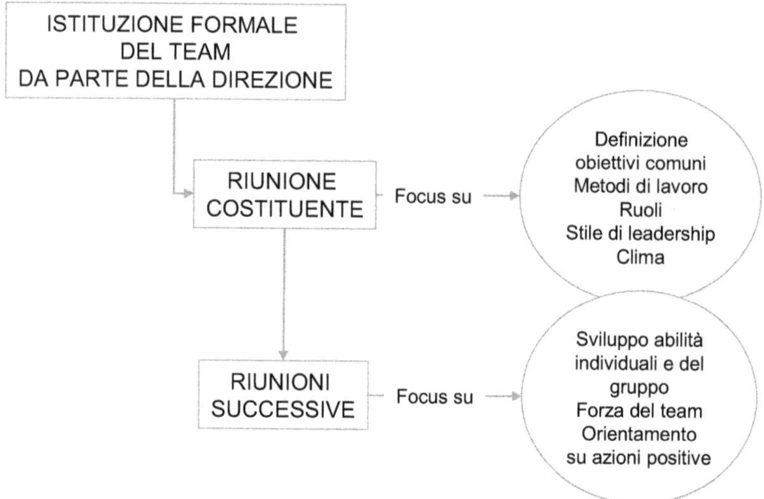

SEGRETO n. 6: il team di progetto va istituito formalmente a cura della Direzione che indicherà tutte le informazioni relative a obiettivi, composizione e relazioni organizzative.

Come valorizzare le risorse umane

Partecipare a un team incaricato dello sviluppo di un progetto può rappresentare un fattore importante di stimolo e di sviluppo professionale: l'azione di *coaching* va inclusa nelle attività che il Project Manager deve riservare ai collaboratori.

Il Project Manager deve impegnarsi a dirigere le persone singolarmente, oltre che come membri di un team, per sostenere la motivazione e allineare nel contempo obiettivi individuali e di progetto.

Il suo compito deve essere quello di accrescere e stimolare l'impegno dei membri del team sul progetto, facendo in modo che i singoli possano contribuire alle decisioni rilevanti, avendo cura di rendere visibile in che modo il loro apporto incide sui risultati. Questo accrescerà il grado di percezione della responsabilizzazione da parte di ciascun membro, moltiplicando l'intensità degli sforzi che verranno profusi nelle attività.

Come gestire con successo il team di progetto

Governare le dinamiche di gruppo è prioritario ai fini della buona riuscita del progetto. Si ricordi, infatti, che il ruolo del Project Manager è quello di trasformare rapidamente singoli individui in un insieme coeso e ben sincronizzato. Per comprendere meglio quali tappe caratteristiche sperimenta un insieme di persone per diventare un vero gruppo, facciamo riferimento al modello elaborato da Tuckman nel 1965, relativo al «divenire» del gruppo. Lo schema si basa sui naturali processi di sviluppo dell'individuo, dalla nascita alla maturità adulta.

Il modello, frutto di un'accurata analisi di molti lavori precedenti relativi a piccoli gruppi, prevedeva inizialmente quattro stadi: **orientamento** (*forming*), **insoddisfazione** (*storming*), **svolta** (*norming*), **produttività** (*performing*). In un secondo momento, gli stadi, con l'aggiunta dello **scioglimento** (*adjourning*), sono stati portati a cinque.

Le due variabili chiave usate per determinare il grado di sviluppo del gruppo sono il **livello di produttività** (competenza e abilità nello svolgere il lavoro) e il **livello di morale** (motivazione, fiducia e aggregazione). Come si può osservare nella figura che segue, mentre la prima variabile aumenta costantemente, la seconda dovrà attraversare una fase di *crisi costruttiva* per poter avanzare verso migliori livelli di cooperazione.

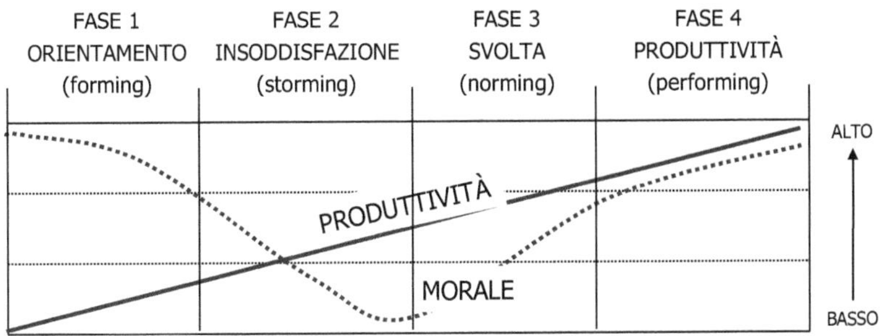

Figura 4 – Fasi di sviluppo del gruppo (Tuckman).

Fase 1 – **Orientamento** (*forming*). Durante questo stadio la produttività è bassa e gli obiettivi non sono del tutto chiari. Capacità e conoscenze di gruppo non sono ancora sviluppate. Il morale è relativamente alto poiché i membri del gruppo sono in genere entusiasti e hanno aspettative positive nei confronti del gruppo. I membri del gruppo dipendono dal leader e mostrano una certa preoccupazione per i loro ruoli individuali e per il rapporto con il gruppo. Le relazioni sono piuttosto formali e lo stile di comunicazione riservato.

Fase 2 – **Insoddisfazione** (*storming*). La produttività cresce lentamente, mentre capacità e conoscenze di gruppo incominciano a svilupparsi. Il morale scende perché le speranze e le aspettative iniziali relative al gruppo non si realizzano facilmente. L'effetto "dopo la luna di miele" è inevitabile. La maggiore conoscenza reciproca induce le persone ad aprirsi e a manifestare in modo esplicito il proprio pensiero sia sugli eventi, sia sui comportamenti degli altri membri del gruppo. Emergono sensazioni di frustrazione, competizione e confusione.

Fase 3 – **Svolta** (*norming*). La comunicazione più franca e diretta della fase precedente permette di raggiungere maggiore chiarezza nella definizione degli obiettivi e delle responsabilità. La produttività continua ad aumentare parallelamente al crescere della capacità e delle conoscenze di gruppo. Il morale migliora non appena il gruppo sviluppa nuovi metodi per lavorare insieme. Coesione e ottimismo aumentano e comincia a svilupparsi la sicurezza del gruppo in se stesso.

Fase 4 – **Produzione** (*performing*). In questo stadio il gruppo ha sviluppato le capacità e le conoscenze necessarie per lavorare bene e per ottenere i risultati desiderati. I membri sono ben disposti nei confronti sia degli altri sia delle prospettive di successo del gruppo. Non dipendono più interamente dal leader per ricevere direzione e aiuto. Ogni membro del gruppo assume, quando necessario, ruoli di leadership. Questo è lo stadio tipico di un gruppo di successo.

Fase 5 – **Scioglimento** (*adjourning*). L'ultima fase dello sviluppo avviene quando il gruppo ha raggiunto gli obiettivi attorno a cui si era formato.

SEGRETO n. 7: produttività e morale aumentano quando gli obiettivi del team sono precisi e conseguibili, quando l'interazione tra i membri è aperta e basata sulla reciproca fiducia e quando il gruppo agisce come un insieme unito.

Come adottare lo stile di leadership adatto

Il conduttore del gruppo, nel nostro caso il Project Manager, deve ben conoscere il modello degli *stadi di sviluppo del gruppo* e orientare il suo stile di leadership in funzione dello sviluppo delle dinamiche fisiologiche che possono dar vita a un team efficiente, produttivo e coeso.

«Il capo eccellente ottiene i risultati con pochissimo movimento, non insegna attraverso le parole ma attraverso l'esempio. Si tiene informato di tutto, ma non interferisce quasi per niente. La sua presenza assicura che le cose siano fatte meglio che se lui non ci fosse, ma quando i suoi uomini hanno successo egli non se ne prende il merito. E poiché egli non se ne prende il merito, il merito non lo abbandona mai» (Lao-Tse, V secolo a.C.).

Gli elementi alla luce dei quali esercitare uno stile di leadership adatto a gestire e monitorare il team per tutta la durata dell'attività progettuale sono (secondo Don Carew, Eunice Parisi-Carew, Ken Blanchard e Jesse Stoner):

- scopo;
- legittimazione;
- relazione e comunicazione;
- flessibilità;
- produttività ottimale;
- riconoscimento e apprezzamento;
- morale.

Di seguito vengono illustrate le caratteristiche dei team che hanno raggiunto "l'identità di gruppo", rispetto a questi sette fattori.

- **Scopo**. I membri dei gruppi di successo condividono la *sensazione di un obiettivo comune*, sanno con chiarezza che cos'è il lavoro di gruppo e perché è importante. Possono fornire un quadro esatto di ciò che il gruppo si propone di raggiungere perché hanno stabilito obiettivi sfidanti, condivisi da tutti, che si ricollegano in modo chiaro alla missione del gruppo. Anche le strategie per raggiungere gli obiettivi sono chiare. Inoltre, ogni membro capisce il proprio ruolo nella realizzazione della missione.
- **Legittimazione**. I membri hanno fiducia nella capacità del gruppo di superare gli ostacoli e di realizzare la missione perché un senso di *rispetto reciproco* li mette in grado di *condividere le responsabilità*, aiutarsi l'un l'altro e prendere iniziative che consentano di far fronte alle sfide. Politiche, regole e processi di gruppo permettono ai suoi membri di svolgere il loro lavoro facilmente. I membri del gruppo hanno l'opportunità di *svilupparsi professionalmente* e apprendere nuove abilità.
- **Relazione e comunicazione**. Il gruppo ha una *comunicazione aperta* e tutti sentono di *poter esporre senza timore le proprie idee, pensieri e sensazioni*. Ma *ascoltare* è importante quanto

parlare e le differenze di opinione e di prospettiva vengono apprezzate come occasione di arricchimento rispetto alle scelte da effettuare. Vengono applicati metodi efficaci di gestione dei conflitti. C'è un'atmosfera di *fiducia* e di accettazione e un *forte senso di appartenenza*. La coesione del gruppo è elevata.

- **Flessibilità**. I membri del gruppo sono flessibili e *la responsabilità della leadership è condivisa*. Vengono identificati e usati i *punti di forza* di ciascun membro del gruppo e, quando necessario, vengono coordinati gli sforzi individuali. Il gruppo lavora in modo fluido ed è aperto sia a opinioni sia a sensazioni, al lavoro duro come al divertimento. I membri riconoscono l'inevitabilità del cambiamento, lo ricercano e si adattano al modificarsi delle condizioni.
- **Produttività ottimale**. I team eccellenti producono risultati eccellenti. Esiste un impegno costante verso alti standard e risultati di elevata qualità. Svolgono il lavoro, *rispettano le scadenze e raggiungono i risultati*. Il gruppo sviluppa metodi efficaci per prendere decisioni e risolvere problemi e vengono incoraggiate la partecipazione e la creatività. I membri del gruppo hanno sviluppato forti competenze nei processi di

gruppo oltre che abilità nell'assolvimento delle singole responsabilità.

- **Riconoscimento e apprezzamento**. I successi individuali e di gruppo sono riconosciuti sia da parte del Project Manager sia dai membri del gruppo e si celebra il conseguimento di traguardi, successi o eventi significativi. I successi del gruppo vengono apprezzati dall'organizzazione in cui si opera e i suoi membri si sentono altamente considerati all'interno del gruppo stesso. Sperimentano inoltre un *senso di realizzazione personale nel contribuire ai risultati del gruppo*.
- **Morale**. I membri del gruppo sono entusiasti del lavoro e *ciascuno di essi è orgoglioso di appartenere al gruppo*. Fiduciosi e impegnati, i collaboratori vedono il futuro con ottimismo. C'è grande eccitazione per i successi individuali e di gruppo e per il modo in cui i membri lavorano insieme: lo spirito di gruppo è elevato.

L'insieme dei fattori appena indicati come traguardo ottimale non si determina spontaneamente al semplice formalizzarsi del team. Come già detto, tale condizione va favorita attraverso uno stile di leadership adeguato alle diverse fasi di vita del gruppo dosando azioni di "sostegno" e di "direttività".

Il Project Manager fornisce **sostegno** sollecitando l'emergere di suggerimenti o idee per l'esecuzione di un certo compito, agevolando la soluzione dei problemi, ascoltando le difficoltà che i collaboratori esprimono, incoraggiando e rassicurando il gruppo sulla capacità di affrontare gli impegni e fornendo feed-back positivi. In questo senso è sua la responsabilità di comunicare informazioni relative all'attività di progetto nel suo complesso e di porre le basi per una relazione più approfondita, anche rivelando informazioni sulla propria persona come, ad esempio, esperienze riguardanti o meno il lavoro.

Lo stile di leadership è orientato alla **direttività** nel momento in cui il Project Manager pone finalità e obiettivi, chiarisce il ruolo che ciascuno dovrà svolgere nell'adempimento di un certo compito, programma il lavoro del gruppo e organizza le risorse. Come coordinatore del gruppo, comunica quali sono le priorità operative e stabilisce le scadenze del lavoro futuro; verifica se il lavoro viene eseguito correttamente ed entro i tempi previsti.

I due elementi descritti variano in funzione della maturazione del gruppo. Ad esempio, nella fase *orientamento*, il gruppo necessita di una elevata direttività, in quanto ha soprattutto bisogno di indicazioni, procedure e norme per dare vita a un sistema organizzativo in grado di operare in modo efficiente. Man mano che il gruppo matura nelle sue capacità di gestirsi, il Project Manager potrà orientarsi sempre più alla delega facendo affidamento sull'autonomia raggiunta dal gruppo nella sua stessa organizzazione e nel perseguimento degli obiettivi.

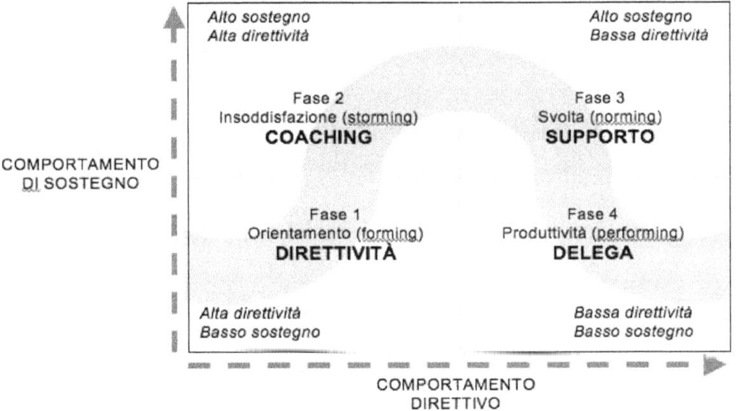

Figura 5 – Stile di leadership adeguato allo sviluppo del gruppo.

In sintesi:

Fase 1	**Orientamento** (*forming*)	Direttività	Alta Direttività	Basso Sostegno
Fase 2	**Insoddisfazione** (*storming*)	Coaching	Alta Direttività	Alto Sostegno
Fase 3	**Svolta** (*norming*)	Supporto	Bassa Direttività	Alto Sostegno
Fase 4	**Produzione** (*performing*)	Delega	Basso Sostegno	Bassa Direttività

SEGRETO n. 8: la coesione del team va ricercata esercitando uno stile di leadership che contemperi adeguatamente i fattori "direttivittà" e "sostegno".

Questionario per misurare lo stadio di sviluppo del team

Come accennato più sopra – secondo gli studi effettuati dagli specialisti Don Carew, Eunice Parisi-Carew, Ken Blanchard e Jesse Stoner – le due variabili chiave usate per determinare lo stadio di sviluppo di un team sono:

- **produttività** (competenza), relativa alla conoscenza, alle abilità e allo svolgimento del task;
- **morale** (*commitment*), relativo alla motivazione, alla sicurezza e alla coesione del gruppo.

Il questionario che segue vi chiede di riflettere sulle caratteristiche di un gruppo in particolare per diagnosticare in quale fase si trova. Pensate ai comportamenti del gruppo nel suo complesso e non soltanto a quello dei singoli membri.

Leggete le quattro affermazioni indicate per ognuna delle caratteristiche prese in esame e scegliete quella che meglio rappresenta in questo momento il gruppo che volete esaminare.

1) Scopo

A. I membri sembrano confusi o non sono d'accordo sulla missione e gli obiettivi del gruppo e su quelli individuali. Sussiste divergenza tra speranze iniziali e situazione reale in termini di ciò che è realizzabile e realistico.

B. Poiché non tutti i membri hanno espresso il loro punto di vista, non risulta chiaro se tutti, nel gruppo, sentano o condividano una missione comune. I membri si concentrano soprattutto sul «Dove mi inserisco?» e «Come lavoreremo insieme?» L'attenzione si concentra sulla definizione di ruoli, obiettivi e compiti.

C. Comincia a svilupparsi un senso di condivisione degli obiettivi. Diventano sempre più chiari i ruoli individuali e gli obiettivi del gruppo e si iniziano a sviluppare dei metodi per raggiungerli.

D. I membri conoscono la missione e se ne sentono coinvolti. Gli obiettivi e i ruoli di ciascuno sono chiari e funzionali alla missione. C'è un senso di interdipendenza e le strategie per raggiungere gli obiettivi sono precise.

2) Legittimazione

A. I membri sono prudentemente ottimisti circa l'abilità del gruppo di risolvere i problemi e di raggiungere i risultati desiderati. Mentre sviluppano ulteriormente le loro abilità, i membri sono coscienti della propria forza. Inoltre, stanno imparando a lavorare insieme e ad aiutarsi a vicenda.

B. La fiducia nell'abilità del gruppo di realizzare uno scopo comune è bassa. I membri sono insoddisfatti della leadership, di ruolo e di fatto. Tra di loro si manifesta il senso di competizione, piuttosto che di collaborazione.

C. I membri sono relativamente entusiasti del futuro del gruppo, ma non hanno ancora del tutto acquisito la conoscenza e le abilità necessarie. Le politiche, le procedure e le pratiche non sono ancora precise.

D. I membri sono coscienti collettivamente della loro possibilità e hanno acquisito le abilità e le energie necessarie. Politiche, procedure e pratiche sostengono gli obiettivi del gruppo. C'è un senso di rispetto reciproco e la volontà di aiutarsi a vicenda.

3) Relazioni e comunicazione

A. I membri del gruppo si incoraggiano e si sostengono a vicenda. Tendono a evitare il feed-back negativo. I membri sono attenti agli interventi che vengono fatti.

B. I membri del gruppo si esprimono apertamente e con franchezza senza temere di essere rifiutati. Ogni membro ascolta gli altri ed esprime calore, comprensione e approvazione. Vengono valorizzate le differenze di opinione e di prospettiva.

C. I membri del gruppo interrompono spesso, si estraniano o si oppongono al leader designato e/o agli altri membri. La comunicazione è inibita o effimera e riflette il conflitto e/o l'insoddisfazione. Il gruppo dimostra scarsa capacità di ascolto e comprensione.

D. I membri del gruppo sono gentili e discreti, non si conoscono ancora a fondo e riflettono mancanza di conoscenza. Si rivolgono al leader designato perché faccia da moderatore. Esitano spesso a esprimere le loro sensazioni e opinioni.

4) Flessibilità

A. Il gruppo dipende dal leader designato o dalla struttura formale di direzione e di decisione. I membri sono timorosi e formali nei loro contributi al gruppo.

B. L'insoddisfazione e la tensione nel gruppo tendono a limitare la flessibilità dei membri. La scontentezza è spesso espressa tramite un comportamento di dipendenza o di resistenza, aggressivo o di rinuncia.

C. I membri del gruppo cominciano a usare le proprie forze e a condividere la responsabilità del funzionamento del gruppo. Ci si preoccupa dell'armonia e dei buoni rapporti di lavoro.

D. I membri condividono le responsabilità di leadership e svolgono con elasticità i vari ruoli per l'esecuzione dei compiti e l'operatività del gruppo. Esprimono liberamente opinioni e sensazioni e si adattano alle diverse esigenze.

5) Produttività ottimale

A. Lo svolgimento del compito è moderato/alto. I membri del gruppo sono sufficientemente in accordo nel risolvere problemi e prendere decisioni.

B. Il gruppo svolge il lavoro con rapidità ed efficienza. I membri hanno sviluppato la capacità di risolvere problemi e prendere decisioni e apprezzano le varie differenze di opinione e di prospettiva.

C. Lo svolgimento del compito è lento. La capacità di risolvere problemi e prendere decisioni non è sviluppata.

D. Il gruppo comincia a dimostrare di poter raggiungere i propri obiettivi. I membri incontrano ancora difficoltà nel risolvere problemi e prendere decisioni.

6) Riconoscimento e apprezzamento

A. Il gruppo si rivolge al leader designato per ottenere riconoscimento e stima. I membri del gruppo cercano l'approvazione del leader piuttosto che degli altri membri.

B. I membri possiedono un forte senso di rispetto e di stima reciproca. I successi individuali e di gruppo vengono spesso riconosciuti dai membri, oltre che dal leader.

C. Raramente un membro del gruppo esprime riconoscimento o stima per un altro. I membri tendono a essere molto critici tra loro e a sottolineare gli aspetti negativi.
D. I membri del gruppo esprimono sempre maggior riconoscimento e stima, riflettendo un crescente senso di armonia e fiducia. Lo spirito di gruppo è agli inizi o ancora non consolidato.

7) Morale

A. I membri sono fieri ed entusiasti di far parte del gruppo. Sono molto sicuri di sé e soddisfatti del lavoro che viene svolto.
B. Lavorando insieme, i membri del gruppo si sentono sempre più uniti e sicuri. L'ottimismo sostituisce il pessimismo e la frustrazione.
C. I membri del gruppo provano un senso di attesa e di tensione emotiva, oltre che preoccupazione nella prospettiva di lavorare insieme.
D. I membri del gruppo sono frustrati, pessimisti e insoddisfatti. Il gruppo non è unito e i suoi membri sono in competizione o si estraniano.

Istruzioni per il calcolo del punteggio

- nella tabella dei punteggi, riportate le scelte che avete effettuato per ogni caratteristica del modello cerchiando la lettera corrispondente all'affermazione che avete scelto per ognuna delle sette categorie;
- sommate il numero delle lettere cerchiate per ognuna delle quattro colonne e scrivete le somme nelle caselle denominate "Totali";
- moltiplicate il totale di ogni colonna per il numero della casella sottostante, poi scrivete nelle apposite caselle i prodotti così ottenuti;
- sommate i quattro prodotti e scrivete il risultato totale nella casella "Punteggio dello stadio di sviluppo del gruppo";
- i punteggi possono variare da 7 a 28; nello schema che riporta gli stadi di sviluppo del gruppo trovate, lungo l'asse orizzontale, i numeri corrispondenti all'evoluzione del team e posizionate il vostro risultato per capire in che fase si trova il vostro gruppo.

TABELL A PUNTEGGI STADI DI SVILUPPO DEL GRUPPO				
	SSG1	SSG2	SSG3	SSG4
1. Scopo	B	A	C	D
2. Legittimazione	C	B	A	D
3. Relazioni e comunicazione	D	C	A	B
4. Flessibilità	A	B	C	D
5. Produttività ottimale	C	D	A	B
6. Riconoscimento e apprezzamento	A	C	D	B
7. Morale	C	D	B	A
TOTALE RISPOSTE				
Moltiplicare il totale di colonna per il n° indicato				
	1	2	3	4
Sommare i Prodotti	+	+	+	=

Punteggio dello stadio di sviluppo del Gruppo preso in esame

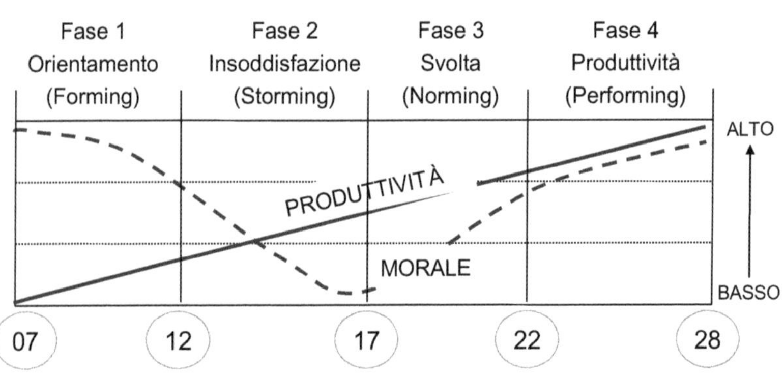

RIEPILOGO DEL CAPITOLO 2

- SEGRETO n. 6: il team di progetto va istituito formalmente a cura della Direzione che indicherà tutte le informazioni relative a obiettivi, composizione e relazioni organizzative.
- SEGRETO n. 7: produttività e morale aumentano quando gli obiettivi del team sono precisi e conseguibili, quando l'interazione tra i membri è aperta e basata sulla reciproca fiducia e quando il gruppo agisce come un insieme unito.
- SEGRETO n. 8: la coesione del team va ricercata esercitando uno stile di leadership che contemperi adeguatamente i fattori "direttività" e "sostegno".

CAPITOLO 3:
Come definire e pianificare il progetto

Un progetto nasce quando è necessario risolvere un problema oppure quando il monitoraggio dell'andamento del mercato, o le innovazioni in campo tecnologico, fanno intravedere l'opportunità di affrontare una nuova avventura.

Dal momento in cui ciò si verifica, viene definita la **Concept Idea**, che unisce il *motivo* per cui si dovrebbe realizzare qualcosa di nuovo e le *modalità* con cui si immagina di portare a termine il cambiamento richiesto, riassumendo in pochi elementi-chiave il prodotto e/o servizio che, in seguito, verrà definito nelle sue caratteristiche e prestazioni.

Ciclo di vita del progetto

Ogni progetto si sviluppa secondo un ciclo di quattro fasi che sinteticamente sono rappresentate dai seguenti passaggi:

- definire e pianificare il progetto;

- programmare il progetto;
- realizzare quanto programmato (attuare);
- concludere e valutare il progetto.

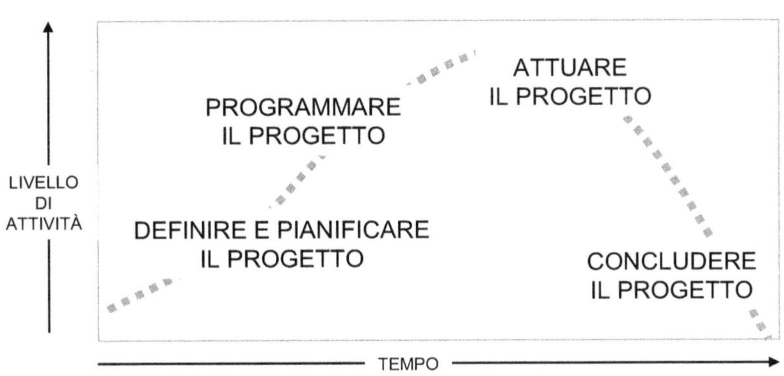

Una volta concepita l'idea di progetto, viene avviata una prima fase di **pianificazione** che, a questo livello, si limita soprattutto a definire i risultati auspicati operando una **stima di massima** degli aspetti legati alle attività che dovranno essere gestite, ai costi da sostenere e al tempo necessario: il tutto in vista di un'approvazione che consenta lo *start-up* effettivo del progetto.

In effetti, l'attività di pianificazione verrà progressivamente approfondita in un secondo tempo, man mano che verranno acquisite informazioni realistiche e pertinenti. Si tratta di un processo fondamentale per l'intero progetto e la cui inadeguatezza potrebbe comportare il fallimento del risultato.

Per ciò che riguarda l'elemento tempo, al momento della pianificazione non importa ancora quando puntualmente un certo evento dovrà verificarsi. Tutta l'attenzione deve essere posta sul dimensionamento delle risorse necessarie per raggiungere gli obiettivi prefissati in un certo arco temporale e non "esattamente a quale data".

SEGRETO n. 9: identificata l'opportunità di realizzare qualcosa di nuovo, prende avvio la fase di pianificazione che riguarda il dimensionamento delle risorse necessarie e la valutazione di massima del tempo necessario.

È importante tenere presente che l'attività di pianificazione non consente di eliminare i rischi, permette però di ridurli dando risalto alle possibili alternative e permettendo la scelta di quella che, con un rischio ritenuto accettabile, possa comunque raggiungere l'obiettivo.

Inoltre, pianificare non significa stendere un rigido documento per il futuro: al contrario la pianificazione deve essere caratterizzata da una **grande flessibilità**, per poter modificare le decisioni secondo l'evolvere degli eventi. Così come non si deve, in questa fase, immaginare in ogni dettaglio l'attività futura: occorre piuttosto privilegiare il **concentrarsi sugli obiettivi** che il progetto si pone, considerando il sistema di decisioni nel suo complesso.

Identificazione dell'obiettivo

Un progetto è come un viaggio verso una meta che non abbiamo mai visitato. La prima cosa da fare è **identificare con chiarezza** la destinazione che vogliamo raggiungere: ovvio ma non banale! Significa che non possiamo dire, in modo generico, «questa primavera voglio andare in Sicilia», ma che – se vogliamo che ciò accada realmente – dovremo identificare la provincia (ad esempio, Catania) e finalmente il comune (Taormina?) o, meglio ancora, l'hotel presso il quale alloggeremo.

Nello stesso modo dobbiamo procedere nel descrivere l'**obiettivo del progetto** evitando quattro trappole molto comuni e rappresentate da:

- inadeguatezza dell'obiettivo;
- indeterminatezza dell'obiettivo;
- confusione tra obiettivi e attività;
- velleitarismo.

L'**inadeguatezza** può riguardare vari aspetti: l'obiettivo può essere troppo semplice, troppo difficile o non pertinente con la situazione. Per esempio, in certi periodi, il mercato impone l'espansione e, in altri, il consolidamento dell'esistente o la contrazione: agire in controtendenza può portare alla rovina. Si evita questa insidia verificando che ogni particolare dell'obiettivo si adatti alla situazione e a chi deve perseguirlo.

L'**indeterminatezza** è uno stato che si verifica quando l'obiettivo non è definito in maniera misurabile e riferita alla situazione. "Migliorare il Servizio clienti" è un proposito talmente indeterminato da rappresentare solo uno slogan. Diventa un obiettivo se espresso come "Definire le cinque principali cause concrete dei disservizi e stabilire le priorità di miglioramento del Servizio Clienti".

Per quanto riguarda la **confusione** tra **obiettivi** e **attività**, non è detto che svolgere un compito garantisca il risultato finale. Le attività sono date dall'attuazione dei programmi per arrivare a uno scopo: *l'obiettivo è lo scopo stesso*. È la differenza tra assistere a un convegno specialistico (attività) e i risultati (obiettivo) che dovrebbero scaturire dall'aver partecipato a un momento di approfondimento professionale. Se si incappa in questo errore, si può ritenere di aver ottenuto un risultato positivo (nuove capacità del collaboratore) quando in realtà si è solo creato del movimento (la "gita" fino alla sede del convegno e ritorno).

Il **velleitarismo** si verifica ogni volta in cui ci si accontenta di dichiarare un obiettivo, senza verificare che sia raggiungibile sia in termini assoluti – «Si può fare?» – sia strumentali: «Ammesso che in assoluto si possa fare, abbiamo le risorse per farlo?» È il caso del titolare di un'impresa che potrebbe decidere di "incrementare le vendite" senza verificare se la sua struttura attuale sia in grado sostenere l'iniziativa: risorse umane disponibili, potenzialità effettiva dei punti vendita, capacità di aumento dei volumi produttivi.

In estrema sintesi, gli obiettivi di qualunque livello e ambito, per poter essere raggiunti, devono essere **SMART**, e cioè:

- specifici (indicati in modo chiaro e univoco);
- misurabili (in modo oggettivo e non soggettivo);
- attraenti (anche per le persone coinvolte, che devono trovare stimolante il traguardo da raggiungere);
- realistici (congruenti con le forze che si possono impiegare);
- tempificabili (distribuibili secondo una sequenza temporale).

Ecco alcuni esempi di definizione corretta degli obiettivi:

- aumentare gli utili per ogni azione da 3 euro nel 2010 a 5 euro nel 2012;
- estendere la quota del mercato britannico per il nostro prodotto XY, facendola salire dal 12 per cento del 2010, al 21 per cento nel 2015;
- aumentare del 2 per cento la produzione oraria della manodopera addetta alla produzione.

SEGRETO n. 10: perché sia valido, un obiettivo deve essere chiaro e concreto, sfidante ma raggiungibile, misurabile e tempificato.

"Visione" dell'obiettivo

Convogliare l'attenzione attraverso un sogno intuito come realizzabile significa *creare un fuoco*. I leader sono gli individui più orientati al risultato che esistano e i risultati attirano l'attenzione. Le loro visioni, sogni o intenzioni suscitano interesse, attirano la gente.

«Tutti gli uomini sognano, ma non in modo uguale. Coloro che sognano la notte nei bui recessi delle loro menti si svegliano per scoprire che i sogni erano effimeri. Ma quanti sognano di giorno sono uomini pericolosi: possono recitare i loro sogni a occhi aperti, per farcela!» (T.E. Lawrence).

Ma non basta credere nei propri sogni. Il successo esige la capacità di trasmettere un'immagine avvincente dello stato di cose che si desidera, il tipo di immagine che suscita entusiasmo e impegno negli altri.

Prima di dirigere *Gente comune*, il regista Robert Redford sapeva relativamente poco di cinematografia. Il primo giorno sul set, prese da parte i sei cameramen e suonò loro il *Canone di Pachelbel*, il fastoso pezzo musicale che apre il film, dicendo: «Voglio che l'ascoltiate e voglio che pensiate a cosa somiglierebbe uno scenario suburbano se corrispondesse alla musica».

Forse, inconsapevolmente, stava facendo ciò che in psicologia si definisce *sinestesi*, o trasformazione di un senso in un altro.

La leadership, con la comunicazione della "visione dell'obiettivo", crea significato per gli individui. O dovrebbe crearlo. È il solo mezzo che consenta ad un gruppo, piccolo o grande che sia, di armonizzare i propri obiettivi.

SEGRETO n. 11: la capacità di avere una "visione" dell'obiettivo da conseguire, e il saperlo comunicare in tutte le sedi coinvolte, permette di suscitare partecipazione, interesse, impegno e soddisfazione.

Quali strumenti utilizzare per la pianificazione

Definito l'obiettivo – ovvero le caratteristiche concrete (output) che il progetto intende realizzare (funzionalità) – sarà possibile elaborare altri tre strumenti fondamentali per determinare i parametri **qualità**, **tempo** e **risorse umane**:

- il primo è la *struttura ad albero* (o distinta base) che, suddividendo il prodotto/servizio in *componenti* e sottoinsiemi, permette di determinare le specifiche del "parametro qualità";
- il secondo è la *struttura ad albero delle attività* che visualizza graficamente tutto il lavoro, scomponendolo in "pacchetti di lavoro elementari" con la descrizione delle operatività. Attraverso questa analisi, è possibile determinare la dimensione temporale di sviluppo del progetto ("parametro tempo");
- infine, il terzo strumento, è rappresentato dalla *struttura ad albero delle responsabilità per soggetti* che identifica quali sono le persone coinvolte e con quali responsabilità ("parametro risorse umane").

Lo schema che segue esemplifica il processo da prevedere per il corretto sviluppo del piano di lavoro di un progetto di innovazione di prodotto come appena descritto.

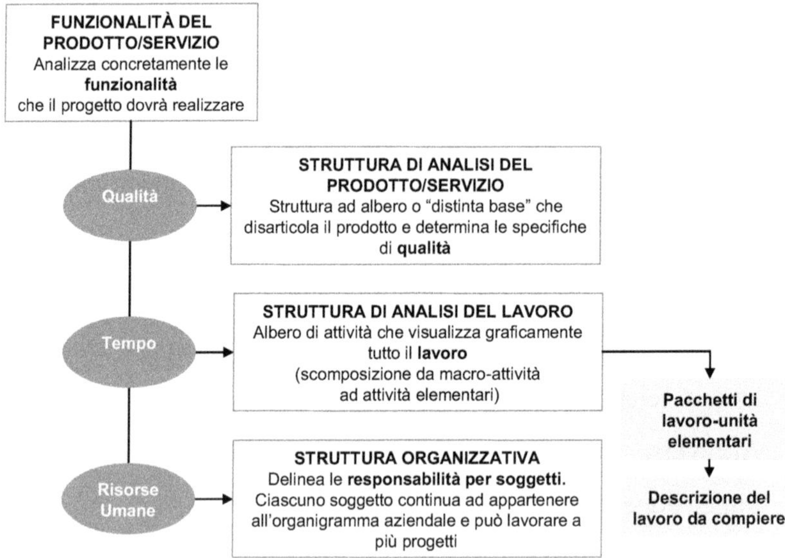

Figura 6 – Sviluppo pianificazione parametri progetto.

Analisi della fattibilità del progetto

A questo punto chiedersi «funzionerà?» è imprescindibile **prima** di dare ufficialmente il via al progetto. Le alternative per ottenere risposte affidabili, in genere, sono tre:

- effettuare un **test pilota** che può consistere, nel caso dei prodotti, nella realizzazione di un prototipo che permette di verificare le prestazioni del progetto in condizioni effettive;
- realizzare uno **studio di mercato**, particolarmente indicato per il lancio di nuovi prodotti, in quanto consente di intervistare potenziali clienti e appurare la rispondenza del prodotto finale del progetto ai loro bisogni reali;
- prevedere una **simulazione**, in genere basata su specifici software. Le applicazioni sono numerose e permettono in modo affidabile di supportare anche la fase di elaborazione definitiva del progetto come, ad esempio, nel campo della termodinamica o dell'aerodinamica con l'utilizzo di CAD (Computer Assisted Design).

Quale alternativa scegliere, dipende dalle risorse economiche disponibili rispetto all'impegno di spesa del progetto complessivo. I risultati consentiranno di validare il progetto o potranno servire per riformularlo rivedendo gli obiettivi.

SEGRETO n. 12: la fase di pianificazione riguarda le funzionalità del nuovo prodotto o servizio, le caratteristiche di qualità, le attività necessarie per realizzare il progetto (tempo) e le responsabilità connesse (risorse umane).

Documento riassuntivo della pianificazione

È opportuno che gli elementi della pianificazione vengano sintetizzati in un documento che servirà per la valutazione della sua fattibilità e l'approvazione formale da parte della Direzione. Fra gli elementi da includere ci sono:

- gli **obiettivi** da conseguire;
- il **processo** che verrà attivato;
- le **scadenze temporali** e le **risorse umane** necessarie;
- il **budget**, i limiti economici e i possibili problemi connessi a questo aspetto;
- i possibili **inconvenienti** (carenza di risorse, forniture difficili da rintracciare, difficoltà di addestramento, tempi di produzione incerti).

RIEPILOGO DEL CAPITOLO 3

- SEGRETO n. 9: identificata l'opportunità di realizzare qualcosa di nuovo, prende avvio la fase di pianificazione che riguarda il dimensionamento delle risorse necessarie e la valutazione di massima del tempo necessario.
- SEGRETO n. 10: perché sia valido, un obiettivo deve essere chiaro e concreto, sfidante ma raggiungibile, misurabile e tempificato.
- SEGRETO n. 11: la capacità di avere una "visione" dell'obiettivo da conseguire, e il saperlo comunicare in tutte le sedi coinvolte, permette di suscitare partecipazione, interesse, impegno e soddisfazione.
- SEGRETO n. 12: la fase di pianificazione riguarda le funzionalità del nuovo prodotto o servizio, le caratteristiche di qualità, le attività necessarie per realizzare il progetto (tempo) e le responsabilità connesse (risorse umane).

CAPITOLO 4:
Come programmare il progetto

Una volta definita la pianificazione e ottenuta l'approvazione da parte della Direzione, occorre *programmare* le attività da svolgere e individuare gli strumenti di cui si disporrà per raggiungere gli obiettivi. Il termine deriva da "pro-gramma" (manifesto che anticipa) e programmare significa "allocare nel tempo degli eventi sufficientemente noti nelle loro caratteristiche".

Come trasformare gli obiettivi in programmi

Un programma richiama immediatamente alla mente un calendario di date, un elenco di attività scandite in modo definito. È l'ultimo atto del processo di *gestione del futuro* e diventa possibile solo dopo che siano stati chiariti gli obiettivi verso i quali si vuole tendere (momento della strategia) e siano state definite le risorse con cui li si vuole raggiungere (momento della pianificazione).

La programmazione non può essere un fatto di vertice o di delega a enti specializzati: il Project Manager e le risorse umane coinvolte devono collaborare all'elaborazione di un piano dettagliato allo scopo di attivare, fin da subito, la piena adesione dei membri del team. È anche fondamentale ottenere il consenso al piano da parte delle altre funzioni aziendali (*stakeholders*), come raccomandato anche da Hans Thamhain e David Wilemon nel loro *Criteria for Controlling Projects According to Plan* (PM Journal, 1986).

SEGRETO n. 13: per acquisire il pieno coinvolgimento dei collaboratori, la programmazione va fatta con il team e deve suscitare il consenso degli *stakeholders* interni.

Per potersi muovere verso il raggiungimento degli obiettivi occorre fornire una risposta concreta a ciascuna delle seguenti domande:

- chi fa che cosa;
- quando ed entro quando;
- come e dove;
- con quale stile e con quali risorse.

Nell'ottica del Project Manager, è importante tenere presente che molte persone non vogliono lavorare o non hanno mai lavorato in funzione di un obiettivo specifico. Alcuni hanno paura di non raggiungerlo, altri ritengono che sia preferibile cogliere le occasioni man mano che si presentano, senza essere vincolati da una rotta precisa, altri ancora giudicano inutili gli obiettivi o li vivono come "imposti" dal capo.

Se un Project Manager ha dei collaboratori che rientrano in una di queste categorie, deve intervenire. Insegnerà loro che un obiettivo ben chiaro permette un orientamento unitario di tutte le scelte e che ciò consente di evitare sprechi di energie. Spiegherà loro che un programma ammette un certo grado di elasticità: se la previsione non si dimostra corretta, il capo e i collaboratori possono sempre intervenire per ridefinirlo.

Quali strumenti utilizzare per la programmazione

La fase di programmazione determina le scadenze temporali del progetto ed entra maggiormente nello specifico delle *strutture ad albero* elaborate durante la pianificazione. Un progetto attuato con successo risponde a tre requisiti di base:

- è completato a uno specifico livello di **qualità;**
- nei limiti del budget: **costo;**
- entro o prima la scadenza: **tempo.**

Ognuno di questi parametri è definito nel dettaglio durante la fase di programmazione e le *specifiche* formano la base per un controllo durante la fase di attuazione pratica.

Se c'è un cliente (interno o esterno) che deve accettare il progetto subito dopo il completamento, i parametri che definiscono un risultato devono essere negoziati, concordati e riportati nel contratto. Nel corso di un progetto, i parametri possono cambiare e, in questo caso, il Project Manager ha la responsabilità di accertare che il cliente sia d'accordo sulle revisioni; se c'è un contratto, andrà rivisto e approvato da tutte le parti interessate.

PARAMETRI DEL PROGETTO

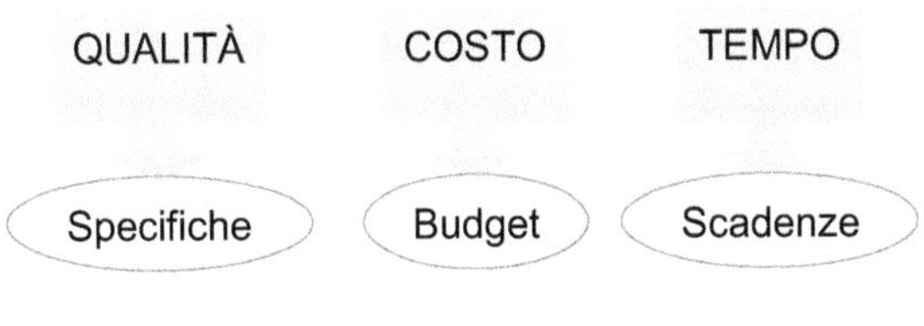

QUALITÀ	COSTO	TEMPO
Specifiche	Budget	Scadenze

Soprattutto se il progetto che viene varato è molto complesso, occorre applicare una metodologia che assicuri la possibilità di affrontare tutti gli aspetti in modo sistematico, con le corrette relazioni fra i diversi aspetti definite in modo chiaro e completo.

Nonostante siano stati sviluppati numerosi validi metodi, quello più efficace è la rappresentazione del progetto in forma grafica e/o descrittiva, attraverso il disegno di una **struttura analitica** del lavoro. Questo metodo, inizialmente adottato negli Stati Uniti per i grandi progetti militari e aerospaziali, in seguito è stato applicato anche ad altri contesti (PBS, *Project Breakdown Structure*).

Questa graduale scomposizione in elementi sempre più semplici va effettuata con i membri del team. Permette di identificare ogni singolo "oggetto" da consegnare attraverso un determinato lavoro da compiere. Tutto ciò viene descritto nel **pacchetto lavoro** insieme alle responsabilità individuali a esso collegate (*work package* e *work package description*).

Questo strumento è molto valido perché permette di *presentare in modo completo il progetto in ogni particolare*. Ogni elemento (sottoprogetto) viene sottoposto a un'attenta analisi preliminare, estremamente utile per chiarire tutte le variabili da considerare e tutte le esigenze che scaturiscono dallo sviluppo del progetto (risorse umane, economiche, temporali).

Nello schema sintetico che segue, è riportato l'esempio di struttura di analisi del lavoro redatta in vista della partecipazione aziendale a una fiera di settore. La profondità dell'analisi dipende dall'identificazione della sub unità elementare che non può essere ulteriormente scomposta.

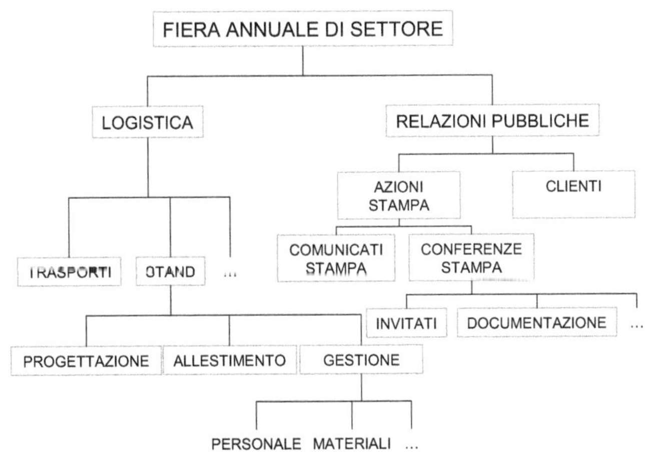

SEGRETO n. 14: la struttura di analisi del lavoro o *Project Breakdown Structure* è uno schema operativo che include tutte le informazioni gestionali relative a pianificazione e controllo.

Come identificare compiti e responsabilità

Nel definire i compiti collegati all'esecuzione delle singole attività, verranno evidenziati – a partire dalla descrizione del lavoro – quali sono gli **input attesi** che provengono da altri compiti, le **specifiche** (condizioni contrattuali o altri procedimenti di riferimento) e i **risultati** concreti da conseguire (documenti, esito di una ricerca di mercato, redazione di una guida ecc.).

In relazione al tipo di progetto e alla specifica realtà organizzativa, i compiti potranno essere distinti in diverse tipologie: ad esempio, di progettazione e/o sviluppo, di produzione e/o realizzazione, di installazione e/o distribuzione, di approvvigionamento e/o amministrativi e di management.

Come descritto nel **Error! Reference source not found.**, a questo punto si potrà costruire la matrice "compiti-responsabilità", che permette una chiara visione degli impegni e delle relazioni di progetto e che può prevenire situazioni di conflittualità organizzativa.

FASI \ RUOLI	Amministratore delegato	Direttore generale	Project manager	Project engineering	Responsabile marketing	Direttore tecnico	Responsabile tecnico commessa	Altri responsabili tecnici	Responsabile produzione
PREPARAZIONE OFFERTA	F	A	B	C	D	E	B		D
APPROVAZIONE OFFERTA	A	G	G		D				
NEGOZIAZIONE CONTRATTO		A	B	E	E		E		
FIRMA DEL CONTRATTO	B	D	E						
PROGETTAZIONE DELLE SPECIFICHE		A	B	C		E	C	C	
RIUNIONI DI VALUTAZIONE		A	B	D			E	E	D
CONTATTI CON IL CLIENTE		E	B	E	D				

A: responsabilità generale
B: responsabilità operativa
C: responsabilità specifica
D: consultazione necessaria
E: consultazione possibile
F: comunicazione obbligatoria
G: approvazione necessaria

Figura 7 – Esempio di matrice "responsabilità-rapporti".

Questo schema è fondamentale per la *formalizzazione delle responsabilità interne* e dei rapporti tra i vari manager, riepilogati attraverso la creazione di una matrice "responsabilità-rapporti" per tutte le principali fasi di sviluppo del progetto.

Come programmare il parametro qualità

La programmazione del parametro "qualità" impone di compiere un'analisi molto dettagliata per garantire che il risultato del progetto risponda effettivamente agli standard ipotizzati, dove per **standard** si intende l'illustrazione delle condizioni che si vengono a creare quando si consegue il risultato richiesto.

Occorre quindi identificare le **specifiche della qualità** che andranno rispettate e, se il progetto riguarda un prodotto, anche le specifiche di qualità dei materiali che verranno impiegati (nel caso di una pavimentazione, ad esempio, il tipo di piastrelle da utilizzare). Infine è necessario stabilire gli standard di **performance** da ottenere e le modalità di **controllo della qualità**, ovvero quali prove, test e controlli sono previsti.

Nell'esempio della "fiera annuale di settore" riportato più sopra, una specifica di qualità potrebbe essere espressa in questo modo: «**Comunicati stampa** – redigere un comunicato di una cartella allegando tre foto (una dello stand, due dei nuovi prodotti) e distribuirlo alle testate specializzate di settore».

Come programmare il parametro tempo

La programmazione del parametro "tempo" comporta l'individuazione della **scadenza** più breve entro cui completare il progetto. Sempre partendo dalla struttura di analisi del lavoro, si valuteranno i tempi necessari per ogni unità elementare e, in seguito, si collocheranno in modo consequenziale.

In questo modo si evidenzieranno le attività che possono essere realizzate simultaneamente e gli eventuali vincoli che legano le une alle altre. Tornando all'esempio: l'aggiornamento dell'elenco delle testate specializzate deve per forza precedere la distribuzione del medesimo, ma la redazione del testo può essere fatta contemporaneamente.

Per dimensionare la risorsa temporale bisognerà identificare l'**evento**, ovvero un determinato accadimento che segna l'inizio o il completamento di uno o più compiti o attività. L'evento deve essere universalmente comprensibile, ovvero descritto con chiarezza e precisione, in modo da poterlo identificare immediatamente nel momento in cui insorge. Gli eventi devono essere associati a una precisa scadenza temporale (*data di calendario*) e possono essere riferiti:

- al progetto in generale (sottoprogetti o singoli elementi);
- alla documentazione (disegni, rapporti, manuali);
- ai supporti software (schede, elenchi, simulazioni);
- ai servizi (assistenza tecnica o gestionale o amministrativa, addestramento);
- alle attrezzature (macchinari e strumenti vari, edifici, attrezzature per i collaudi).

Nel programmare il fattore "tempo" si potranno evidenziare le **tappe intermedie** (*milestones*), che rappresentano punti intermedi di controllo che permettono di identificare una significativa realizzazione del progetto. A questo punto, si disporrà dei seguenti dati:

- durata di ogni attività;
- data più prossima nella quale può essere avviata;
- data massima in cui un'attività deve iniziare.

Le informazioni inerenti lo sviluppo temporale del progetto possono essere efficacemente visualizzate utilizzando i grafici di Gantt o i diagrammi PERT, illustrati di seguito, che costituiscono strumenti sia di pianificazione, sia di controllo dell'andamento del progetto.

Diagramma di Gantt

Si tratta di un grafico che prende il nome dello studioso di organizzazione (Henry Gantt), che lo elaborò nel primo Novecento, e che ha lo scopo di evidenziare le relazioni temporali tra tutte le fasi di un progetto. Su un unico quadro di sintesi, il grafico a barre orizzontali può riportare: tipologia del lavoro, tempo di durata prevista, collocazione temporale e responsabili dell'esecuzione delle fasi.

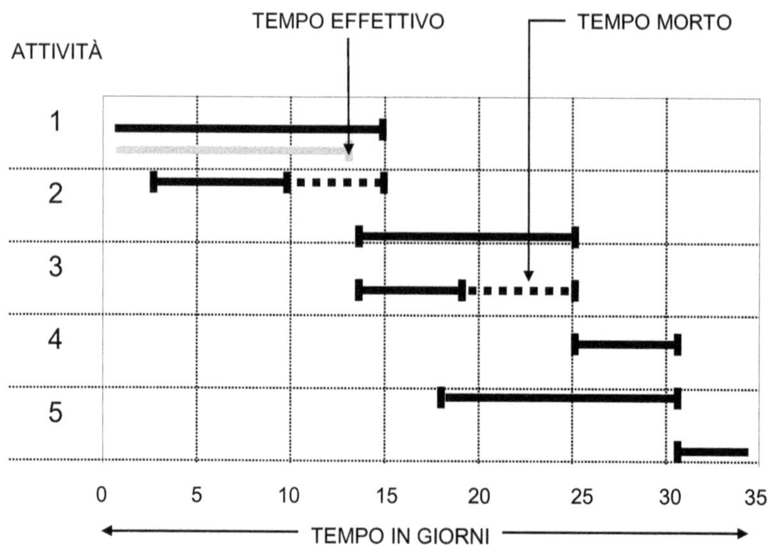

Figura 8 – Esempio diagramma Gantt.

Nel grafico, ogni barra rappresenta una fase del progetto che parte alla prevista data di inizio e termina alla prevista data di termine. Il diagramma, in fase di gestione del progetto, può essere dinamicamente aggiornato – meglio se a cura dei singoli responsabili delle attività – riportando i progressi effettivi con una barra di colore diverso.

Questo diagramma può essere realizzato con un software che consente di gestirlo in rete e permette al Project Manager e a tutto il team di compiere un controllo in tempo reale del rispetto o meno delle scadenze, in modo da poter valutare tempestivamente le opportune azioni correttive.

Diagramma PERT

Se il progetto si sviluppa attraverso molte attività che si svolgono contemporaneamente, è opportuno completare il diagramma di Gantt con un diagramma PERT (Program Evaluation and Rewiew Technique).

Questo strumento venne messo a punto negli anni Cinquanta dalla società Lockheed, incaricata dalla Marina degli Stati Uniti di realizzare un sistema di armamento destinato ai sommergibili (missile Polaris). Rappresenta, graficamente, le relazioni fra le diverse attività attraverso tre elementi: gli **eventi**, in genere rappresentati da cerchi, le **attività**, rappresentate da frecce che collegano i cerchi, e le **non attività**, ovvero il collegamento tra due eventi, senza che sia però prevista l'esecuzione di lavoro.

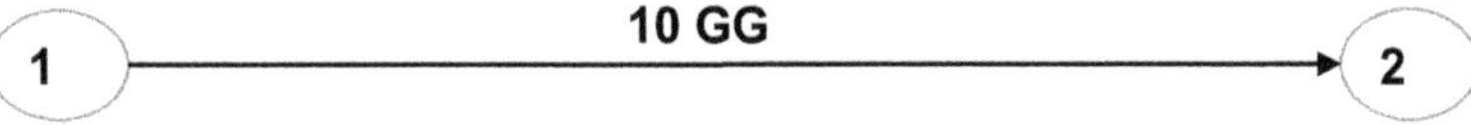

Per disegnare il diagramma PERT occorre elencare tutte le attività, attribuendo loro un numero progressivo, e valutare il tempo necessario per completare ciascuna di esse. Nel diagramma verranno riportati: il numero della fase, nei cerchi, e il tempo, sulla freccia di connessione.

Il diagramma consente anche di misurare il *percorso critico*, ovvero il percorso più lungo del reticolo che definisce le tappe essenziali per non rischiare un ritardo di tutto il progetto. Colorando le fasi completate si visualizza il tempo effettivamente utilizzato. Di seguito, un esempio riferito a un progetto edile tratto da Marion E. Haynes, *Project Management. Dall'idea all'attuazione* (Milano, Franco Angeli, 2009).

FASI PROGETTO (giorni)

1.	Inizio progetto	0	11.	Impianto riscaldamento	05
2.	Completamento	15	12.	Isolamento	05
3.	Ottenuto permesso costruzione	16	13.	Zoccolino	05
4.	Gettare fondamenta	05	14.	Messe in opera porte interne	05
5.	Opere murarie interne	05	15.	Tinteggiato interni	03
6.	Completamento tetto	05	16.	Installati apparecchi elettrici	02
7.	Installazione infissi finestre	01	17.	Completamento pulizia	03
8.	Innalzati muri esterni	10	18.	Posa pavimenti	
9.	Tinteggiare facciata	03	19.	Completamento progetto	
10.	Impianto elettrico	10			

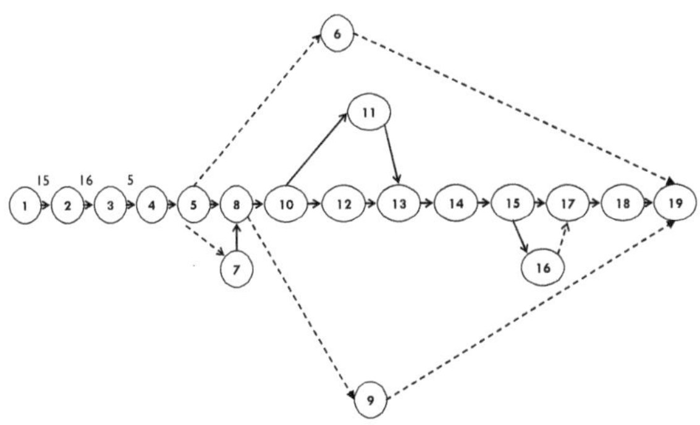

Figura 9 – Esempio di diagramma PERT (Marion Haynes).

Come programmare il parametro costo

Una corretta valutazione di questo parametro è cruciale per diversi motivi. Ad esempio una sovrastima potrebbe rendere poco competitivo il progetto rispetto ad altri concorrenti, ma anche una sottostima risulterebbe rischiosa perché potrebbe comportare conflitti con fornitori e cali negli standard di qualità. Un buon budget è costruito su dati realistici e verificati in fase di selezione dei fornitori. Solo in questo modo potrà essere un valido strumento per monitorare i costi in sede di avanzamento del progetto ed evitare spiacevoli sorprese.

Una delle tipiche voci che incidono maggiormente sui costi del progetto è quella legata ai **tempi** di lavoro **necessari**: il punto di partenza per elaborare il budget è nuovamente rappresentato dalla *struttura di analisi del lavoro*, che permette di calcolare i compensi per il personale impiegato, sia direttamente nell'esecuzione delle attività, sia come servizio di supporto amministrativo (segreteria, acquisti, contabilità) e gestionale (marketing, centro studi).

In sintesi

Una volta scomposto il progetto nelle sue fasi e sub unità, per rendere più agevole una visione d'insieme dei parametri costo, tempo e responsabilità è utile elaborare una tabella di riepilogo "Sintesi della programmazione".

Fase/sub unità	Budget	Tempi	Responsabile	Note

SEGRETO n. 15: i parametri qualità, tempo, risorse umane e costo del progetto vanno programmati a partire dalla struttura di analisi del lavoro, avvalendosi di strumenti specifici e con la condivisione di tutto il team.

RIEPILOGO DEL CAPITOLO 4

- SEGRETO n. 13: per acquisire il pieno coinvolgimento dei collaboratori, la programmazione va fatta con il team e deve suscitare il consenso degli *stakeholders* interni.
- SEGRETO n. 14: la struttura di analisi del lavoro o *Project Breakdown Structure* è uno schema operativo che include tutte le informazioni gestionali relative a pianificazione e controllo.
- SEGRETO n. 15: i parametri qualità, tempo, risorse umane e costo del progetto vanno programmati a partire dalla struttura di analisi del lavoro, avvalendosi di strumenti specifici e con la condivisione di tutto il team.

CAPITOLO 5:

Come attuare e concludere il progetto

Nella fase di attuazione, le responsabilità del Project Manager includono molti aspetti: dal controllo dello stato di avanzamento dei lavori alla gestione dei collaboratori, dai rapporti con il cliente alla soluzione delle problematiche che, nonostante una buona pianificazione e un'attenta programmazione, inevitabilmente si presenteranno.

Come monitorare l'avanzamento lavori

L'azione di supervisione e controllo si fonda sulla verifica che quanto è stato previsto si stia effettivamente realizzando nel rispetto dei parametri e dei requisiti identificati. Questa azione viene alimentata da una massa notevole di dati che devono essere razionalizzati – il più possibile con il supporto di software adeguati – e raffrontati con quanto programmato.

È importante che tutti i documenti previsionali – e in particolare i diagrammi di Gantt e PERT – siano condivisi con coloro che lavorano al progetto e rappresentino un punto di riferimento certo per tutto il team, atto a registrare gli avanzamenti effettivi e gli eventuali scostamenti.

Possono inoltre essere predisposti ulteriori strumenti di controllo che permettono di osservare costantemente i parametri **tempo** e **costi**, sempre a partire dalla schedulazione effettuata nella *struttura di analisi del lavoro*:

FASE	COSTI			TEMPO		
	BUDGET	CONSUNTIVO	+/-	PROGRAMMATO	CONSUNTIVO	+/-

Questa visualizzazione tabellare può essere rappresentata con efficacia ancora maggiore attraverso l'elaborazione di un grafico di raffronto dei due elementi previsione-consuntivo.

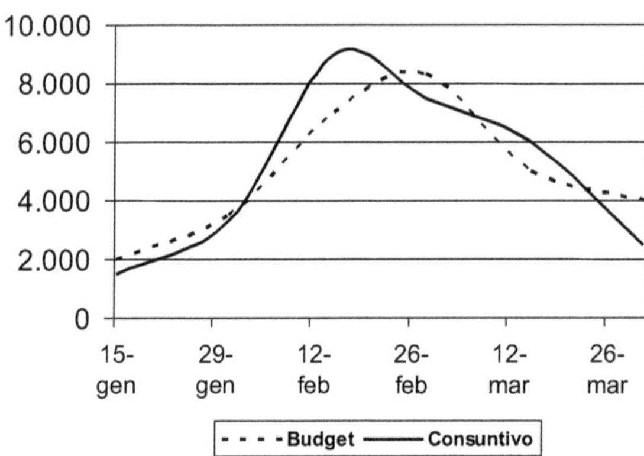

In modo analogo, si può procedere ad elaborare un **riepilogo** delle pietre miliari (*milestones*), che elenca gli eventi chiave che sono chiaramente verificabili o che devono essere sottoposti ad approvazione formale prima che il progetto possa avanzare:

PIETRA MILIARE (MILESTONES)	DATA DI COMPLETAMENTO	
	PROGRAMMATA	EFFETTIVA

Disporre di informazioni rappresentate graficamente aiuta, sia il Project Manager sia i membri del team, ad avere una chiara visione di quanto era stato previsto e dell'andamento del progetto. In particolare, per quanto riguarda le **risorse umane** impegnate, possono, ad esempio, essere utili dati inerenti:

- al tempo di lavoro richiesto alle singole funzioni, espresso in unità di giornate o mezze giornate;
- al costo delle risorse impegnate esaminato su scala temporale;
- alla percentuale di saturazione delle risorse confrontata con la disponibilità effettiva, come illustrato nelle figure seguenti.

Questo prospetto permette di percepire con chiarezza quanto tempo espresso in giornate-lavoro sarà assorbito dal singolo progetto, relativamente ai collaboratori delle diverse funzioni aziendali e alle risorse esterne, in questo caso i consulenti.

Nello schema che segue viene esemplificato l'impegno richiesto alle diverse funzioni aziendali per la realizzazione di un nuovo "Manuale organizzativo".

ASSEGNAZIONE RISORSE
PROGETTO MANUALE ORGANIZZATIVO

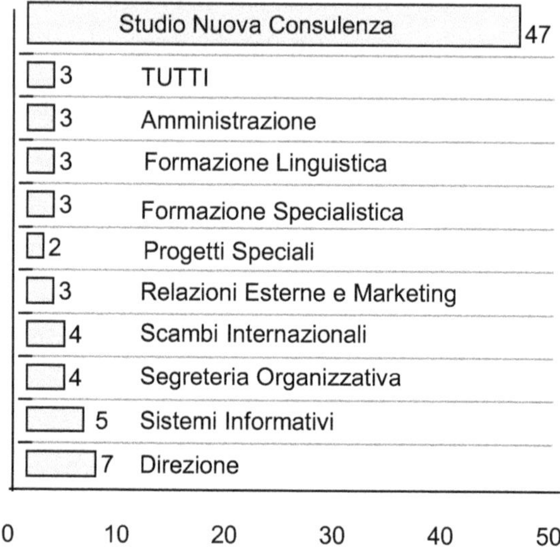

Figura 10 – Esempio diagramma tempo-risorse (giorni).

Il diagramma successivo raffronta invece il “lavoro assegnato alle risorse” al “lavoro disponibile ai fini del progetto” in un determinato arco di tempo (in questo caso su base settimanale) e visualizza un’ulteriore importante informazione che può essere utilizzata per stabilire, in modo calibrato, i rispettivi carichi di lavoro.

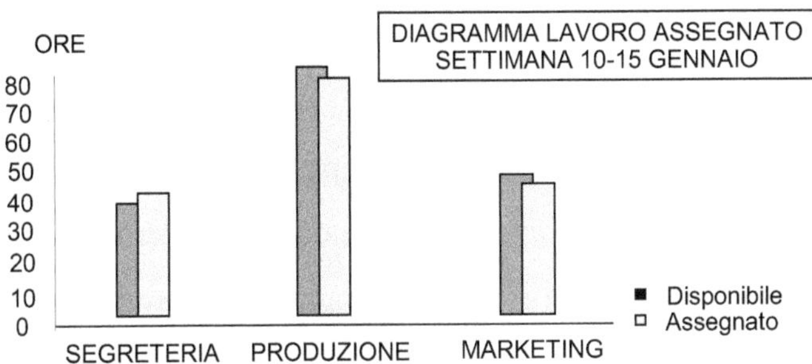

Figura 11 – Esempio istogramma lavoro assegnato-disponibilità risorse.

E, infine, possiamo confrontare, su base mensile, l'andamento dei costi del personale delle varie funzioni aziendali per mettere in evidenza le aree che maggiormente incidono sul budget del progetto o per altre riflessioni utili dal punto di vista gestionale.

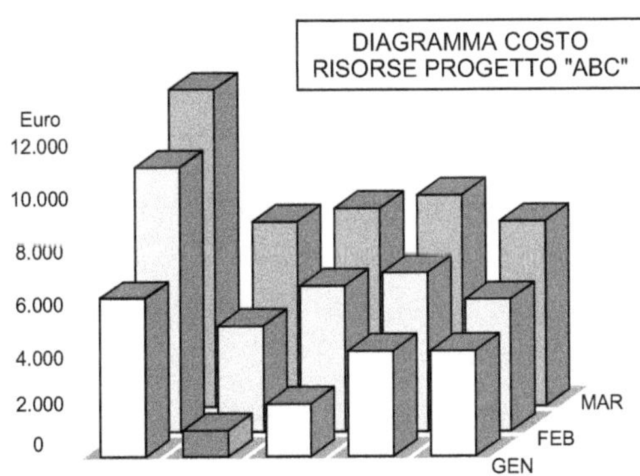

Tutte le informazioni elaborate possono trovare una sintesi in un documento periodico che riferisce dello "stato avanzamento lavori" in distribuzione al team di progetto e agli interlocutori interni (ad esempio la Direzione aziendale) ed esterni (cliente) che è opportuno aggiornare periodicamente dei progressi e delle criticità eventualmente insorte.

SEGRETO n. 16: la gestione dei dati per il monitoraggio del progetto può avvalersi di strumenti grafici per favorire aggiornamenti tempestivi e una visione realistica dello stato di avanzamento.

Come gestire le comunicazioni

L'informazione è un prodotto prezioso che ognuno apprezza se gli perviene di "prima mano", mentre fa sentire rifiutati (non considerati o degni di fiducia) quando la si riceve per caso, ufficiosamente.

Consegnare l'informazione è un atto importante, spesso direttamente utile a svolgere la mansione: è un forte segno di riconoscimento che condiziona la motivazione dei collaboratori ma che – come nel caso della gestione di un progetto – è fondamentale anche per mantenere alta l'attenzione e l'appoggio da parte dei diversi *stakeholder* del progetto (committente/sponsor del progetto, direzione generale, direzioni funzionali, cliente, utenti finali).

La comunicazione deve essere facile, ampia e accessibile, ma va gestita: l'ampiezza di distribuzione dei dati inerenti il progetto va predeterminata in modo che non risulti ridondante, ma adeguata al target degli specifici interlocutori.

In molti casi, ad esempio, alle **riunioni periodiche** del team possono essere aggiunti specifici *progress meeting* che prevedano una partecipazione più allargata. Oppure si può creare un "notiziario flash" che, in modo sintetico, fornisca notizie circa l'evolversi dei parametri fondamentali. Altri strumenti di comunicazione all'interno del progetto sono rappresentati dai contatti quotidiani fra i collaboratori – formali e informali –, dalle email, dall'allestimento di uno specifico Forum riservato al progetto e gestito con un software dedicato, dalle videoconferenze.

La divulgazione delle informazioni deve essere preceduta da un'analisi tesa a verificare precisione e completezza dei dati, correttezza dei destinatari delle notizie, adeguatezza del canale di comunicazione e modalità di feed-back.

SEGRETO n. 17: organizzare la diffusione delle informazioni decidendo periodicità, strumenti, tipologia e ampiezza dei dati in funzione dei diversi interlocutori del progetto (collaboratori, *stakeholders*, cliente).

Come verificare le prestazioni dei collaboratori

Per mantenere una buona performance e migliorarla costantemente, il Project Manager deve essere attento a fornire **feed-back** continui al gruppo nel suo insieme e, individualmente, a quanti collaborano al progetto.

Un feed-back efficace non si centra su intenzioni e opinioni, ma è strettamente legato solo a ciò che è osservabile, ovvero circoscritto ad azioni e risultati concreti.

Il feed-back positivo descrive in modo diretto le azioni e i risultati conseguiti e include un'affermazione appropriata alla vostra reazione. Il feed-back negativo deve comprendere l'indicazione di come la persona intende comportarsi in situazioni simili in futuro. Schematicamente

- descrivete le azioni osservate e i risultati;
- chiedete all'interessato se corrispondono ai risultati che intendeva produrre;
- nel caso di una tipica risposta negativa, chiedete quali azioni differenti avrebbero probabilmente portato ai risultati desiderati;
- discutete i diversi modi alternativi di agire;
- accordatevi su un modo di trattare situazioni simili, se si presenteranno in futuro, facendo in modo che le proposte emergano dall'interessato.

Ricordate di **descrivere** più che valutare. Descrivendo l'azione e i risultati osservati, l'individuo è libero di usare o meno l'informazione. Evitando i giudizi ridurrete, inoltre, la probabilità di una reazione difensiva da parte del vostro interlocutore.

Siate **specifici** più che generici e rifuggite dall'impiego di avverbi estremi come «mai», «sempre», «ogni volta». Discutete di specifiche occasioni ed eventi, evitando conclusioni generalizzate come «Lei tende troppo a dominare…» e preferendo espressioni come: «Se non ascolta gli altri perderà molte idee preziose».

Siate **tempestivi** nel porgere il feed-back perché, a fronte di un buon comportamento, ha il valore di un applauso: tanto più efficace quanto più arriva subito dopo l'azione, mentre, se segue un comportamento inadeguato, la correzione deve avvenire il prima possibile.

SEGRETO n. 18: il feed-back – oggettivo, specifico e tempestivo – è uno strumento indispensabile a orientare al meglio le performance del gruppo nel suo insieme e a livello individuale.

Come motivare il gruppo e l'individuo

Il percorso di un progetto può essere lungo e, qualche volta, frustrante o molto impegnativo. Il Project Manager deve aggiungere al suo personale "cruscotto di viaggio" l'attenzione al

grado di motivazione che stanno esprimendo i singoli collaboratori del progetto e il team nel suo complesso.

Le teorie motivazionali, considerate tuttora valide, studiano i *desideri dell'uomo*. Tra le più note, ricordo la «gerarchia dei bisogni umani» (Maslow, *A theory of human motivation*, 1953), la teoria dei fattori di «soddisfazione e insoddisfazione» (Herzberg, *The motivation to work*, 1969) e la teoria «X-Y» (McGregor, *The human side of enterprise*, 1960).

Tutte queste teorie, in estrema sintesi, concordano sui tre fattori che devono essere considerati ai fini della motivazione degli esseri umani verso il lavoro: il **lavoro** stesso, il **modo** in cui viene assegnato e il **significato** che riveste per ciascuno. Sottolineano, inoltre, che il lavoro deve offrire alle persone la possibilità di sperimentare tre elementi: l'**attività fisica** (gioia dello sforzo fisico), la **creatività** (gioia di pensare) e la **socialità** (gioia di condividere il piacere), come dimostrano anche i risultati di due studi del tutto indipendenti condotti da O'Toole (*Work in America*, Cambridge, 1973) e Nishibori (*Umanity and Development of Creativity*, Tokio, 1971).

Nel *lavoro per progetti* sono presenti le condizioni ottimali perché questi fattori motivazionali vengano valorizzati al meglio. Al Project Manager spetta di:

- verificare la consonanza tra gli obiettivi di progetto e gli obiettivi individuali;
- condividere gli obiettivi elaborando i piani per raggiungerli con la fattiva partecipazione di tutto il team;
- utilizzare adeguate modalità di proposta del lavoro e assegnazione delle responsabilità;
- stimolare un approccio creativo alla risoluzione dei problemi;
- favorire il "lavoro insieme" e le occasioni di socializzazione, in genere festeggiando i buoni risultati man mano raggiunti.

Ricordare che occorre **condividere gli obiettivi**, ad esempio discutendoli insieme e permettendo che le persone coinvolte possano decidere come raggiungerli. Altri fattori motivanti sono rappresentati dalla **partecipazione** (al team, alla ricerca delle soluzioni, alle decisioni, all'azione vera e propria) e dai **progressi** che si compiono sul piano personale (crescita delle competenze) o nelle tappe di avvicinamento a un esito positivo del progetto.

Tuttavia, *per motivare bisogna essere motivati*: il Project Manager sarà credibile nello stimolare il team verso il successo del progetto solo se è il primo a crederci e se comunica con entusiasmo e convinzione, condivide obiettivi e soddisfazione per i risultati conseguiti, verifica che, anche a livello individuale, le persone sperimentino una condizione di benessere.

SEGRETO n. 19: il Project Manager che si esprime con energia, entusiasmo e determinazione è in grado di coinvolgere i membri del team e condurre al successo il progetto.

Come gestire riunioni efficaci

La corretta gestione delle riunioni è una competenza fondamentale e spesso poco approfondita. Troppo frequentemente le riunioni non producono alcun risultato se non quello di aver perso tempo. Come renderle efficaci? Innanzitutto, ogni riunione deve avere uno scopo concreto e previamente noto a tutti i partecipanti, pertanto l'incontro dovrà essere preceduto da un **ordine del giorno** con l'elenco dei punti che verranno esaminati e dalla relativa **documentazione**, in modo che tutti i partecipanti arrivino aggiornati e preparati in modo omogeneo.

Nel caso delle riunioni dei team di progetto, è preferibile predeterminare una **periodicità** (in genere settimanale o quindicinale) in modo che diventino un punto costante di riferimento anche nell'organizzazione delle agende dei collaboratori.

Le riunioni efficienti **iniziano puntualmente** – ad attestare il rispetto dovuto ai tempi di ciascuno (che comportano costi di progetto) – e la loro durata è determinata e comunicata in anticipo. La **durata** degli incontri non dovrebbe superare i **75-90 minuti** per favorire la concentrazione dei partecipanti. Lo sviluppo delle discussioni, pur prevedendo la più ampia partecipazione, dovrebbe essere mantenuto aderente allo scopo dell'incontro, **senza divagazioni**.

È opportuno che i risultati vengano subito riepilogati al termine dell'incontro creando un sintetico "verbale-*check list* di lavoro" che permette a tutti di concludere con un'informazione univoca riguardo le decisioni assunte, l'identificazione delle responsabilità operative e i tempi da rispettare.

Se non è possibile attuare queste condizioni, probabilmente è meglio non convocare la riunione e individuare strumenti di comunicazione alternativi più idonei: diffusione di documentazione informativa, colloqui individuali o di piccolo gruppo (2-3 interlocutori), videoconferenze.

Di seguito una lista di controllo per verificare se le condizioni ottimali di gestione della riunione vengono applicate:

1. La convocazione della riunione prevede un dettagliato ordine del giorno?	SÌ	NO
2. La convocazione della riunione precisa anche l'orario previsto per la conclusione?	SÌ	NO
3. Preparo in anticipo quello che voglio dire?	SÌ	NO
4. Distribuisco tutta la documentazione utile perché gli altri partecipanti arrivino preparati all'incontro?	SÌ	NO
5. Controllo che tutti abbiano ben compreso quanto trattato, ponendo domande chiare e sintetizzando i punti affrontati in precedenza?	SÌ	NO
6. Sono sempre attento a rispettare le opinioni degli altri?	SÌ	NO
7. Utilizzo un approccio positivo?	SÌ	NO
8. Offro un feed-back corretto?	SÌ	NO
9. Evito di pormi sulla difensiva quando ricevo un	SÌ	NO

feed-back?		
10. Riesco ad attenermi all'ordine del giorno?	SÌ	NO
11. Resisto alla tentazione di monopolizzare la riunione?	SÌ	NO
12. Riesco a rispettare e far rispettare i tempi?	SÌ	NO
13. Verifico che tutti abbiano avuto l'opportunità di esprimere e condividere pensieri e sensazioni?	SÌ	NO
14. Faccio in modo che vengano identificate azioni concrete (chi, cosa, perché, dove, quando e come)?	SÌ	NO
15. Le riunioni vengono sempre verbalizzate in modo chiaro e che consenta a tutti di disporre di una *check list* operativa?	SÌ	NO

Come favorire un approccio creativo nel team

Le divergenze di opinione e di comportamento sono inevitabili, tuttavia, se il conflitto viene trasformato in uno strumento di accrescimento della creatività, possono diventare occasione di sviluppo di idee e soluzione dei progetti.

Com'è noto, la creatività è un'abilità che ogni essere umano possiede in ugual modo alla nascita, ma che – in misura diversa per ognuno di noi – viene progressivamente inibita dalla pressione del conformismo degli ambienti che frequentiamo. Ci adeguiamo alle regole che ci impongono, ad esempio, scuola e lavoro, fino al punto che la nostra capacità di essere innovativi si esaurisce e le nostre idee diventano poche, scontate e mediocri.

Ma, fortunatamente, essere innovativi e creativi è una abilità che può essere **stimolata** e **incentivata**. Recuperare il proprio potenziale creativo agisce efficacemente anche sul coinvolgimento personale, sull'autostima, sulla motivazione e sull'assunzione di un atteggiamento positivo: tutti fattori indispensabili per la coesione del team di progetto.

Una delle tecniche maggiormente adatte a questo scopo è il **brainstorming**, un processo di comunicazione spontaneo nella forma e in grado di liberare il potenziale creativo dei singoli, attraverso l'associazione di idee, favorendo anche l'accordo e la strutturazione di un gruppo. È particolarmente adatta in tutte le situazioni che richiedono di identificare la soluzione a un problema (*problem solving*).

La traduzione letterale del nome ("tempesta di cervelli") evidenzia i possibili limiti di questa tecnica, che si rifanno tutti alla capacità di conduzione del coordinatore. Questa modalità di riunione, infatti, deve essere gestita dal Project Manager che – avvalendosi di una lavagna a fogli mobili – avrà il ruolo di sollecitatore del processo e di garante del rispetto di alcune regole fondamentali per il successo del metodo:

- tutte le persone possono/devono esprimere le loro idee liberamente;
- ogni idea viene scritta sulla lavagna a fogli mobili a cura del conduttore;
- non deve essere esercitata alcuna censura così come occorre evitare di esprimere commenti critici e/o ironici di qualunque tipo;
- si punta alla quantità di idee prodotte e non alla loro qualità;
- occorre andare "a ruota libera" il più possibile.

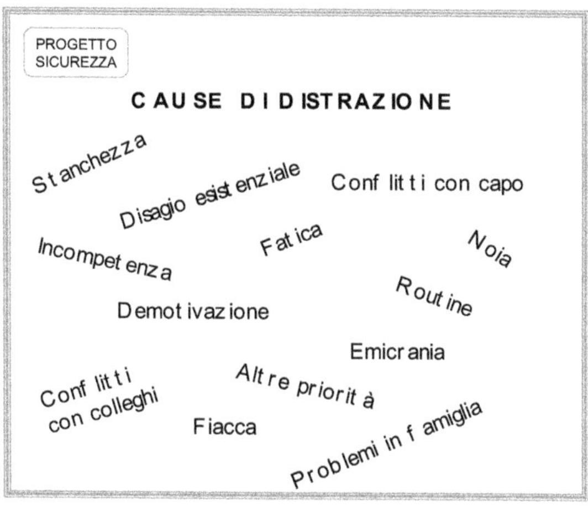

Figura 12 – Esempio di raccolta delle idee con il brainstorming.

Inizialmente le persone non riusciranno a adottare questo metodo "destrutturato" di confronto, perché abituate, da sempre, a esprimersi solo avendo prima attentamente vagliato ciò che vogliono dire, in modo da manifestare competenza, acume e professionalità. Il conduttore solleciterà i contributi chiedendo brevità e immediatezza e trascrivendo sulla lavagna – senza commento alcuno – le parole chiave dell'intervento per ottenere un'ulteriore sintesi.

Dopo l'iniziale "riscaldamento", le persone parteciperanno con maggiore fiducia e si arriverà alla fase "tempestosa". A questo punto, va prevista una breve pausa per far decantare le idee prodotte e, infine, si passerà al riesame di tutto quanto è emerso per individuare quella o quelle più interessanti e idonee a risolvere il problema oggetto del dibattito.

SEGRETO n. 20: adottare un approccio creativo nella gestione del team per favorire le capacità di *problem solving* e accrescere livello di partecipazione e coesione del gruppo.

Come concludere il progetto

Quando il cliente (interno o esterno) valuterà positivamente il risultato del progetto, si è giunti alla fase conclusiva dell'attività. Si tratta di verificare che le specifiche di qualità definite all'inizio siano state rispettate, così come le condizioni concordate di budget e di tempi. A questo punto, le attività da prevedere includono:

- la realizzazione di un eventuale manuale operativo;
- l'eventuale addestramento per il personale del cliente nel caso, ad esempio, di nuove installazioni;
- la verifica finale del piano dei conti;

- la riallocazione delle risorse umane che sono state impegnate nel progetto;
- le decisioni circa la destinazione di materiali e attrezzature acquisiti nel corso del progetto (noleggi, acquisti *ad hoc*).

Anche allo scopo di patrimonializzare l'esperienza vissuta, il team compie una valutazione complessiva dello sviluppo del progetto e il Project Manager redige una relazione che ufficializza quali nuove competenze sono maturate nel gestire determinate problematiche, quali sono gli eventuali progressi ottenuti sul piano tecnologico. Concluderà poi con le idee per sviluppi successivi. Come per l'avvio, anche la conclusione del progetto deve essere formalmente comunicata a cura della Direzione, indicando anche i principali risultati conseguiti.

Riepilogo lista di controllo del Project Manager

Di seguito una breve *check list* dei punti di attenzione per la conduzione di un progetto che, naturalmente, può essere ampliata in funzione della complessità del risultato da raggiungere:

- definire il progetto;
- scegliere una strategia;

- organizzare il team di progetto;
- assegnare compiti e responsabilità;
- addestrare nuovi membri del team;
- elaborare la struttura di analisi del lavoro;
- sviluppare le specifiche;
- preparare un calendario dei lavori (schedulazione);
- definire un budget;
- controllare i progressi;
- intraprendere azioni correttive;
- fornire feed-back;
- testare il risultato finale;
- consegnare il risultato al cliente;
- scrivere un manuale operativo;
- addestrare il personale del cliente;
- riallocare lo staff del progetto;
- disporre del *surplus* di equipaggiamenti, materiali e forniture;
- valutare la performance del progetto;
- completare la revisione finale dei conti;
- completare il rapporto del progetto;
- rivedere il progetto con il management.

RIEPILOGO DEL CAPITOLO 5

- SEGRETO n. 16: la gestione dei dati per il monitoraggio del progetto può avvalersi di strumenti grafici per favorire aggiornamenti tempestivi e una visione realistica dello stato di avanzamento.
- SEGRETO n. 17: organizzare la diffusione delle informazioni decidendo periodicità, strumenti, tipologia e ampiezza dei dati in funzione dei diversi interlocutori del progetto (collaboratori, *stakeholders*, cliente).
- SEGRETO n. 18: il feed-back – oggettivo, specifico e tempestivo – è uno strumento indispensabile a orientare al meglio le performance del gruppo nel suo insieme e a livello individuale.
- SEGRETO n. 19: il Project Manager che si esprime con energia, entusiasmo e determinazione è in grado di coinvolgere i membri del team e condurre al successo il progetto.
- SEGRETO n. 20: adottare un approccio creativo nella gestione del team per favorire le capacità di *problem solving* e accrescere livello di partecipazione e coesione del gruppo.

Conclusioni

Coordinare e lavorare a un progetto è un'impresa intensa ed estremamente stimolante. Quasi un'avventura, piena di insidie e di scoperte straordinarie, che necessita di grande cautela e intuito nella fase preliminare, per concepire "a tavolino" tutto quello che potrà accadere, di nervi saldi e molta capacità di *problem solving* quando gli eventi vengono vissuti realmente. Desidero concludere, però, con una nota sdrammatizzante, richiamando alcune delle fatali "leggi" della progettazione:

- **Legge della confusione applicata**: dopo aver aggiunto due settimane alla vostra tabella di marcia per ritardi imprevisti, aggiungetene altre due per i ritardi che davvero non prevedete.
- **Prima legge delle modifiche**: qualsiasi informazione che comporti un cambiamento nel progetto sarà trasmessa al progettista dopo – e *soltanto dopo* – che tutti i disegni siano stati completati (meglio nota come legge dell'«adesso me lo dicono!»).

- **Seconda legge delle modifiche**: quanto più innocua sembrerà una modifica, tanto più le conseguenze si estenderanno e maggiore sarà il numero dei disegni che dovranno essere rifatti.
- E, naturalmente, la **Prima legge di Murhpy**: se qualcosa può andare male… lo farà!

Buon lavoro!

Fonti bibliografiche

Dario Forti e Flavio Masella, *Lavorare per progetti*, Milano, Raffaello Cortina Editore, 2004

Marion E. Haynes, *Project management*, Milano, Franco Angeli Editore, 2004

Robert Heller, *Gestire le squadre*, Bologna, Calderini Editore, 1999

Frederick Herzberg, Bernard Mausner, Barbara B. Snyderman, *The Motivation to Work*, New York, John Wiley & Sons, 1959 (2ª ed.)

Yoshio Kondo, *La motivazione. Una chiave per il Management*, Milano, Editoriale Itaca, 1992

Abraham H. Maslow, *The theory of human motivation*, in «Psycological Review», vol. 50, 1943

Douglas McGregor, *The human side of enterprise*, New York, McGraw-Hill, 2006

E.E Nishibori, *Humanity and development of creativity*, Tokio Japan Productivity Center, 1971

James O'Toole, *Work in America*, Cambridge, Mass., MIT Press, 1973

Daniel Pennac, *Diario di scuola*, Milano, Feltrinelli, 2010

Gian Piero Quaglino, *Avere leadership*, Milano, Raffaello Cortina Editore, 2004

Hans Thamhain, David Wilemon, *Criteria for Controlling Projects According to Plan*, in «PM Journal», 1986

www.ingramcontent.com/pod-product-compliance
Ingram Content Group UK Ltd.
Pitfield, Milton Keynes, MK11 3LW, UK
UKHW022016190726
13853UKWH00005B/1963